辽宁清原

森林可持续经营

操作技术指南

LIAONING QINGYUAN SENLIN KECHIXU JINGYING
CAOZUO JISHU ZHINAN

辽宁省清原满族自治县林业局
国家林业局调查规划设计院 ■ 编

中国林业出版社

辽宁清原

森林可持续经营操作技术指南

编委会

主　编　赵喜臣　翁国庆　靳爱仙

副主编　陈晓非　程荣涛　王红春　王万仁

编　委　赵喜臣　翁国庆　靳爱仙　陈晓非　程荣涛　王红春
王万仁　任昌国　于　峰　侯传生　张振海　周立鑫
毕金忠　刘胜利　王万义　张　克　高　松　于凤梅
陈孟涤　葛成明　王　岩　王　淼　张炳义　罗纯东
李怀业　程显春　高尚军　杜建平　曲宏成　刘贵峰
马　宏　高　峰　丑纯峰　王希大　徐善光　乔黎明
刘长霞　宋殿臣　聂大光　张静波　田　燕　张有权
杨文博　郑小明　姜文泽　王　琨　姜　涛　周黎黎
任　玲　张可教　孙业亮　段红宇　高　磊　王鹤智
王　倩　顾　威　何　欣　王爱国　徐青河　都　昊
凌　帅　彭　辉　张　鑫　任玉东　刘　旭　何　君
李　阳　李新新　梁海龙　何　影　侯淑媛

林—林—药模式——落叶松林冠下红松、刺五加

林—菜模式——落叶松林冠下刺嫩芽

林—菜模式——天然林冠下大叶芹

林—药模式——天然林冠下人参

林—果模式——大果榛子

落叶松大径材培育——林冠下红松

红松果材兼用林培育

核桃楸改培

人工落叶松纯林诱导复层异龄林

天然林多目标经营与调控关键技术

种子园——轻基质网袋育苗

引种——芬兰白桦

前言

FOREWORD

清原满族自治县(以下简称:清原县)位于辽宁省东部,地处长白山余脉龙岗山北麓,隶属抚顺市管辖。总面积 $3921km^2$。全县辖14个乡(镇)188个行政村,总人口35万人,农村劳动力26万人。

清原县是辽宁省森林资源大县和林业大县。1989—2015年,先后被原林业部列为全国森林资源林政管理示范点,全国森林可持续经营管理试验示范点,履行《国际森林文书》示范单位,森林认证制度试点单位。按照国家林业局的要求,试点单位要建立经营单位级森林可持续经营指数评价技术准则及指标体系,促进国际履约和森林可持续经营技术合作,制定经营单位水平标准指标体系和具体经营单位森林可持续经营指标体系,并开展指标体系的适用性研究。探索研究调整、改进和完善森林资源调查监测、规划设计和森林可持续经营管理的政策和措施。

《辽宁清原森林可持续经营操作技术指南》(以下简称《技术指南》)是为了科学合理培育和利用森林资源,规范森林资源管理,提高林地生产力和林分质量,充分发挥森林多种功能。技术指南编制本着分类经营、分类管理和分区施策的原则,森林经营以营林为基础,以建设生态体系、产业体系和生态文化体系为中心,科学经营、积极培育、有效保护和合理利用森林资源，提高森林质量和森林的综合效益，实现森林面积和蓄积双增长，遵循生态系统健康、协调和可持续发展的指导思想。

《技术指南》共计14章，包括森林可持续经营目标，森林的区划与分类，森林经营类型与经营措施类型，森林培育与经营技术，森林、林木采伐设计，审批设计、发放林木采伐许可证，伐区采伐作业技术，伐区采伐与验收管理，非木质资源开发利用，安全生产与劳动保护，森林健康维护与生物多样性保护，森林环境保护与监测，当地社区和劳动者权利，术语和定义。

《技术指南》编制的特点是吸收了国内和国际森林经营的先进理念，集培育目标、经营、设计管理、林木采伐技术要求、安全生产、森林健康、环境保护和劳动者权利等为一体的技术指南。为县属国有林场和集体(包括民营林场和个人所有林)的人工针叶林和天然次生林的经营管理提供依据。

《技术指南》的编制，在国家林业局调查规划设计院有关专家直接指导和参与下，于2012年开始撰写，并广泛征求了县林业局各股、室、站、各国有林场的意见，几经易稿，完成了《技术指南》的编制工作。2013年10月印刷了第一版，之后，又进行了补充和修改，使技术指南内容更加充实。在编制过程中得到了省林业厅、市林业局的高度重视和大力支持，在此表示由衷的感谢。

由于编者水平有限，错误在所难免，有不当之处敬请批评指正。

编者

2016年2月16日

C O N T E N T S

目 录

附　件

第 1 章

森林可持续经营目标

到 2020 年，森林可持续经营总体目标是大力培育和保护森林资源，森林生态功能明显增强，森林资源面积相对稳定，森林资源蓄积量有所增加，森林资源质量显著提高，可持续和最优化地为社会生产木质林产品。达到生态得保护，产业得发展，林农得实惠。

1.1　生态目标

1.1.1　荒山造林成活率达到 85% 以上，更新(造林)成林率达到 100% 。

1.1.2　林分平均郁闭度达到 0.5 以上，空间分布基本均衡，使涵养水源、保水固土、固碳等方面的生态功能显著提高。

1.1.3　森林得到良好的经营管理，林木生长正常，林分结构稳定。森林火灾发生率在 0.03% 以下；森林病虫害发生率控制在 2.9% 以下，成灾率在 0.17% 以下。

1.1.4　按照分类经营原则，在发挥主导功能基础上，林内灌草植被得到有效保护，提高经营区域内水、陆生物多样性。

1.1.5　自然保护区建设与管理不断完善，通过调整和补充，晋级到国家级保护区，并建立独立的管理机构，使保护区内的生物和物种多样性保护不断增强。

1.1.6 森林保有量达到286 800hm^2。

1.1.7 林地面积保有量达到311 800hm^2。

1.1.8 林地生产率达到103.6m^3/hm^2。

1.1.9 重点公益林地达到99 300hm^2，比率31.9%。

1.1.10 重点商品林达到110 200hm^2，比率35.3%。

1.2 经济目标

1.2.1 在优先发挥森林生态效益前提下，发展林下经济项目，提高投入产出比和经济效益。

1.2.2 调整和维持商品林的龄组结构，稳定年经济收益。

1.2.3 加大人工落叶松大径材培育面积，增加大径木数量，提高林地生产率和经济效益。

1.2.4 人工红松纯林诱导成针阔混交林，改善林分环境，增加林下植物种类，提高林分抗病能力和红松结实量及经济效益。

1.2.5 以科技为支撑，加大培育天然柞树商品林大径材面积，提高天然柞树商品林单位面积产量和经济效益。

1.2.6 充分利用林地资源，发展林地经济，到2020年，初步建立具有一定规模以红松、核桃、榛子为主的坚果经济林，以林下参为主的药材基地，以刺嫩芽、大叶芹等山野菜为主的森林食品基地。

1.3 社会目标

1.3.1 提高人工落叶松林、红松林和天然柞树林的经营集约度，积极吸纳社区劳动力就业。

1.3.2 科学合理经营，可持续地为社会提供优质大径落叶松、红松和柞树木材以及红松果实。

1.3.3 科学利用林地空间，合理开展林下经营，持续为社会提供林副产品。

1.3.4 优化人工落叶松林、红松林、柞树林景观，建立生态走廊，为森林生态旅游提供优美环境。

1.3.5 建立以国家级红河谷森林公园为基础，以红河漂流为龙头，牵动夏湖风景区、松山仙洞和天然石佛等森林旅游业，为社会提供休闲、娱乐、游憩等服务。

第 2 章 森林的区划与分类

根据森林的经营目标、功能、效益和生态区位进行分类区划：一是以生态功能为主要目标；二是从社会经济要求和森林经营主导方向出发；三是在功能区划和管理分类的基础上，根据林分类型、区位、经营水平、培育目标等进行区划分类。

2.1 森林功能区划

森林功能区划是指以单一经营目标为依据，对全部经营区进行分类。主要从水源保护、生态景观、自然保护、珍稀动植物资源保护和公益林区划等方面考虑。

2.1.1 水源地保护区划

县境内的辽河一级支流浑河、清河、柴河以及松花江源头之一的柳河河流两岸和中、小型水库水域四周是重要的生态敏感区域。从保护水源、保护水质和保护生态敏感区域的角度出发，根据地方的实际情况和国内当前的做法，将主要河流源头、河流与水域两岸 50m 范围内的林分划为水源地保护带。

2.1.2 生物多样性保护区划

县内的针叶林、落叶阔叶林、针阔混交林和林木、灌丛是国家重点保护野生动物的重要栖息地，同时各类林分中分布有胡桃楸、水曲柳、黄波罗等珍贵树种及红豆杉等重要保护物种。因此，为了减少森林经营作业对野生动植物的影响，保证野生动物重要栖息地的完整，保护珍稀植物和生物多样性，将水曲柳、胡桃楸、黄波罗等珍贵树种集中分布的区域区划为生物多样性保护小区，重点保护浑河源省级自然保护区。

2.1.3 典型森林景观保护区划

为了保护生态景观资源，对主要的生态旅游路线和旅游点等进行视点分析，将主要视点范围内的典型森林地段划分为生态景观区。主要生态景观区包括森林公园、生态景观带。生态景观带包括已区划的国家公益林、典型森林景观区和主要公路及铁路两侧的绿色通道。典型森林景观区是指具有森林游憩功能等高生态景观质量的区域。将主要公路及铁路两侧50m缓冲区内的小班划分为绿色通道缓冲区。

2.1.4 环境保护区划

从环境保护、生态景观和高保护价值森林等角度出发，将县城等主要居民点及工矿企业周边林分质量较好、具有高保护价值和重要生态景观功能的林分区域划分为环境保护区。

2.2 森林管理类型

以《全国森林资源经营管理分区施策导则》为准则，根据清原县的特点，从社会经济要求和森林经营管理主导方向角度出发，划分为严格保护、重点保护、保护经营和集约经营4个类型。

2.2.1　严格保护类型（Ⅰ级类型区）

以保护生物多样性，维持特有自然景观为主要目的的森林。包括自然保护区，水库周边地段，浑河两岸以及其他处于生态脆弱区或亚脆弱区等区域划为国家级生态公益林的森林。

2.2.2　重点保护类型（Ⅱ级类型区）

以确保生态安全，防止自然灾害，改善现有的脆弱生态环境为主要目的的森林。包括 202 国道、乡镇级公路、沈吉铁路两侧的陡坡区，山顶、山脊陡坡区以及其他生态脆弱区或亚脆弱区和亚稳定区等区域划为国家级或省级生态公益林的森林。

2.2.3　保护经营类型（Ⅲ级类型区）

以兼顾生态和经济为目的的森林。包括位于生态亚脆弱区、亚稳定区的商品林。

2.2.4　集约经营类型（Ⅳ级类型区）

以获得经济效益为主要目的的人工林和天然阔叶林。主要包括生态稳定区的人工一般用材林、天然一般用材林、工业原料林、速生丰产林，以及人工落叶松、红松和天然柞树大径材用材林和人工落叶松、红松、天然柞树中小径材用材林中位于阴坡且土层深厚将逐渐改造为红松果材兼用林的林分。

第 3 章

森林经营类型与经营措施类型

3.1　森林经营类型划分

根据森林分类区划和《辽宁省清原满族自治县森林可持续经营规划》，按照不同主体功能和生态公益林事权等级、林种以及立地类型和林地质量等级，划分森林经营类型。

3.1.1　生态公益林

生态公益林包括：国家级生态公益林，划为重点水源涵养林经营类型；以水源涵养为主要目的的地方级生态公益林，划为一般水源涵养林经营类型；以水土保持为主要目的的地方级生态公益林，划为一般水土保持林经营类型；以森林生态系统及野生动植物栖息地保护为主的划为自然保护林经营类型；以保护森林景观和生态旅游服务为主的划为风景林经营类型；以掩护军事设施和用作军事屏障为主要目的的划为国防林经营类型。

3.1.2　商品用材林

商品用材林包括：立地质量好、交通条件便捷、经营集约度高、伐期龄短的用材林划为工业原料林经营类型；立地质量好、采用长生产周期的用材林划为大径材用材林经营类型；立地质量一般、常规经营方式的用材林划为中小径材用材林经营类型。以此划分落叶松、红松和柞树林为15个经营类型。

3.2 森林经营措施类型划分

根据林分经营类型、林龄、林分卫生状况等条件，确定森林经营措施类型。

3.2.1 商品林经营

3.2.1.1 一般用材林经营

a)主伐更新。主要包括皆伐、渐伐和择伐三种方式。

b)森林抚育。主要包括透光抚育、生长抚育、卫生抚育、补植抚育、修枝抚育、浇水抚育和施肥抚育。

c)低产林改造。主要包括皆伐改造、择伐改造、效应带(块)改造、其他改造。

d)封山(沙)育林。采用全封、半封或轮封的方式。

3.2.1.2 其他用材林经营

工业原料林、速生丰产林、大径材林、果材兼用林的采伐年龄、采伐方式及更新方法，根据森林经营方案确定的目标和经营要求执行。

3.2.1.3 薪炭林经营

薪炭林的采伐年龄、采伐方式及更新方法按DB21/T 678等相关规定执行。

3.2.1.4 经济林经营

在不改变林地属性和确保及时更新的情况下，经济林的林木采伐年龄、采伐方式及更新方法、抚育措施等，根据培育目标确定。经济林营建技术按LY/T 1557、DB21/T 1690等相关标准执行。

3.2.2 公益林经营

3.2.2.1 防护林经营

a)更新采伐。主要包括渐伐、带(块)状皆伐等采伐方式。

b)森林抚育。主要包括透光抚育、生态疏伐、林带间伐、卫生抚育、补植抚育、修枝抚育、浇水抚育。

c)低效林改造。主要包括择伐改造、带块状改造、斑块改造。

3.2.2.2 特种用途林经营

a)更新采伐。国防林、科学试验林、种质资源林、风景林核心景区和游览区及自然保护区缓冲区的森林。

b)抚育采伐。主要包括卫生抚育、森林景观疏伐等。

c)封山育林。采用全封、半封或轮封。

第 4 章

森林培育与经营技术

森林经营应建立在保护和改善生态环境的前提下，有利于调整森林结构，提高林分质量，促进林木生长发育；有利于提高森林生态系统的整体功能和效益，切实做到分类区划、分区施策、分类经营。按照《辽宁省清原满族自治县森林经营规划》要求，不同管理类型和功能区，主要经营措施和约束条件不同。

4.1 约束条件

4.1.1 严格保护类型

范围包括自然保护区、河流缓冲区等重要生态区位的国家公益林。原则上不允许任何经营性采伐作业，部分生态区位的国家公益林可依照国家相关技术规程进行抚育。

4.1.2 重点保护类型

范围包括严格保护外的国家公益林和生态功能区。所采取的经营措施不允许皆伐作业。

4.1.3 保护经营类型

范围包括各生态功能区中的商品林。所采取的经营措施是相邻小班在 5 年内不允许连续主伐作业。

4.1.4 集约经营类型

范围包括生态功能区外的其他区域。所采取的经营措施是完全按照管理类型经营措施表中的措施和约束条件采伐。

4.2 造林(更新)

造林包括宜林地造林和退耕地造林。森林更新包括人工更新、天然更新和人工促进天然更新三种方式。提倡和鼓励天然更新或人工促进天然更新，不允许天然林转化为人工纯林，采伐迹地禁止种植农作物。森林采伐后必须做到当年或翌年更新。

4.2.1 人工造林

人工造林适用于宜林地造林和退耕地造林；迹地更新适用于人工林皆伐类型的采伐迹地造林。

4.2.1.1 采伐迹地清理

林木皆伐后要及时进行迹地清理。迹地清理要避免进行全面清理，以保护地表部分植被，防止水土流失，维护生物多样性。

林地清理方式可采用块状清理、带状清理、植穴点周围清理。对于坡地，带状清理时应沿等高线展开。清理时只要把林地上的杂木、杂草等砍倒，不要连根挖出。少量的杂草、灌木和采伐剩余物可就地堆放在种植行中间，让其自然腐烂分解；数量多时要及时运走，以免影响更新造林和幼苗的生长。

4.2.1.2 栽植密度

a) 大径材经营类型株行距为 2m × 2m 或 2m × 3m，1667 株/hm^2或 2500 株/hm^2。

b）中小径材经营类型株行距为1.5m×1.5m或2m×1.5m，3333株/hm^{2}或4444株/hm^2。

c）工业原料林经营类型株行距2m×1.5m，3333株/hm^2。

d）速生丰产林经营类型株行距2m×2m或2m×3m，1667株/hm^{2}或2500株/hm^2。

e）红松种子林（嫁接苗）经营类型株行距4m×4m，625株/hm^2。

4.2.1.3　种植点布局

4.2.1.3.1　纯林

种植点采用三角形布局。在坡地，较长的一边与等高线平行。

4.2.1.3.2　混交林

a）尽可能选择乡土树种进行混交。

b）根据树种特性确定落叶松或红松与伴生树种的混交方式（图4-1）。混交方式种类举例如下：

●星状伴生，如落叶松与红松；

●带状伴生，如落叶松与刺嫩芽；

●块状伴生，如落叶松与白桦。

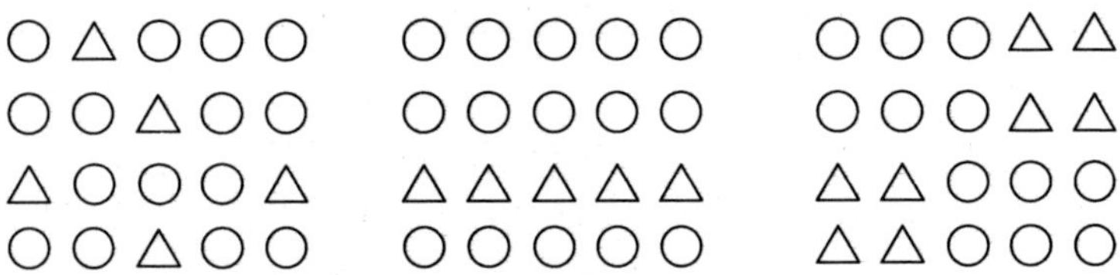

星状伴生　　带状伴生　　块状伴生

图4-1　混交方式

c）混交比例：以不影响落叶松培育质量为前提，最大可能提高林分伴生树种的株数比例，如落叶松与红松混交比例可达到4∶1。

4.2.1.4 整地方法

整地方法有穴状整地、鱼鳞坑整地、带状整地和全面整地四种。整地时间可在栽植前一年秋季 9 ~ 10 月进行。

a)穴状整地，是山地、丘陵、平原广泛采用的整地方法。整地的规格，穴的口径 50cm × 60cm；速生丰产用材林、经济林及多草地带，整地规格应适当大些。

b)鱼鳞坑整地，是干旱、半干旱地区蓄水保土的方法。整地为半圆形，外高内低，半径≥60cm；

c)带状整地，是山地和丘陵以及北方草原地区重要的整地方法。山地带状整地要沿等高线进行，其形式有水平阶、水平槽、反坡梯田等。带状整地宽度在 60cm 以上，带长根据地形确定，不能过长，每隔一定距离应保留 0.5 ~ 1.0m 自然植被。

4.2.1.5 造林方法

包括植苗造林、播种造林、分殖造林三种方法。

4.2.1.5.1 植苗造林

栽植方式一般采用大坑中心植苗法，选用良种优质裸根苗或容器苗。具体栽植要求采用“三埋二踩一提苗”的栽植技术。即将苗木垂直于穴底，提起苗木，覆土，踩实，再覆土，再踩实，再覆一层土。

a)苗木栽植在穴中央，使苗根有向四周伸展的余地。

b)苗木在栽植过程中，要扶正，以利于将苗木培育成干形通直的木材。

c)栽植时理好苗木根系，使其均匀舒展，不窝根。

d)栽植深度应略高于苗木根颈处原土痕。栽植过浅，根系外露；栽植过深，影响根系呼吸，均不利于苗木生长。

e)“二踩”一定要将苗木根系周围土壤踏实，以利于细根与土壤紧密接触，使苗木能迅速地向土壤毛细管吸收水分，提高造林成活率，但须注意不能损坏苗木根系。

f) 如果在雨天进行造林时，避免苗穴有积水。

4.2.1.5.2　播种造林

种子来源较充足，易于发芽生根并有一定抗旱性能的树种，在鸟兽危害较轻的地区，可采用播种造林。其方式有两种，即人工播种造林和飞机播种造林。

4.2.1.5.3　分殖造林

分殖造林包括插条造林、插干造林和分蔸造林三种。

4.2.1.6　造林季节

在春秋两季进行栽植。

4.2.2　未成林抚育与管护

未成林造林地抚育作业，包括土壤管理、补植、套种间作等。参照造林规划设计进行。

4.2.2.1　人工造林(更新)

人工造林(更新)的地块，在造林当年，应及时进行除草，与扶苗、除蔓等结合进行，做到除早、除小、除了，对影响幼树生长的高密杂草要及时割除。根据造林地现状决定抚育措施，抚育措施包括块状、带状、穴状除草或培土以及施肥措施。对于季节性干旱或水分过多的地区或地段，采用穴状除草措施方式，减少地面水分蒸发。落叶松连续进行3年，当年和翌年4～5月、7～9月各进行1次，第三年进行1次；红松连续进行5年，当年至翌年每年进行2次，第三年至第五年每年进行1次；块状锄草松土，结合扩穴连带除蘖培土等。在第二年春季，如果成活率不够，应进行补植。

4.2.2.2　封禁保护

a) 不准进入林地放牧和打柴，防止家禽、家畜进入，毁坏幼苗。

b) 有条件时可适当施用追肥，追肥以复合肥为主。

c) 干旱时要及时浇水。

d)有幼苗死亡时，要及时用相同苗龄的苗木补植。

e)防止森林火灾和森林病虫害等自然灾害的危害。

4.3 林冠下造林

林冠下造林主要适用于郁闭度 0.5 以下的近成熟林林分。通过林冠下造林，将纯林诱导为混交林，提高森林的生态防护功能。

4.3.1 树种选择

应选择树种的生物学、生态学特性与造林地立地条件相适应、稳定性好、抗性强、耐庇荫、能够在林冠下正常生长发育的树种。

4.3.2 造林密度

栽植株数应根据已有林木数量、郁闭度等综合确定。一般株数在 1200 ~ 1650 株/hm^2。

4.3.3 种植点布局

种植点按照林况优先在林间空地、林木稀疏处栽植，使林木分布均匀。

4.3.4 整地

整地采用穴状整地方式，在植穴点及周边清理杂草、灌木，以确保苗木正常生长即可。穴的宽度、深度均不宜超过 50cm。

4.3.5 栽植

栽植时不宜施用基肥。栽植用苗木、栽植时间和栽植技术本着适地适树的原则进行。

4.4 公益林经营

种类与类型划分、公益林经营原则(略)。

4.4.1 防护林更新采伐

4.4.1.1 更新采伐类型

更新采伐类型包括林分更新采伐和林带更新采伐两种方式。

a)林分更新采伐主要包括渐伐、择伐、带(块)状皆伐等采伐方式。

b)林带更新采伐主要包括全带采伐、断带采伐、分行采伐等采伐方式。

4.4.1.2 林分更新采伐

4.4.1.2.1 适用范围

适用于防护林主要树种平均年龄达到更新成熟年龄的同龄林，或达到更新成熟年龄的林木蓄积占总蓄积70%的异龄林。

4.4.1.2.2 采伐方式

a)二级国家级公益林可采用择伐、渐伐方式。

b)三级国家级公益林和地方公益林采用择伐、渐伐、带(块)状皆伐方式。

4.4.1.2.3 技术要求

a)二级国家级公益林择伐采伐间隔期不小于一个龄级期，坡度>25°的采伐强度不超过伐前林木蓄积的15%，保留郁闭度≥0.6；坡度≤25°的采伐强度不超过伐前林木蓄积的25%，保留郁闭度≥0.5。

b)三级国家级公益林和地方公益林择伐蓄积强度

≤30%，保留郁闭度≥0.5，择伐作业时优先保留黄波罗、刺楸等珍贵树种，采伐间隔期不小于一个龄级期限。

c)渐伐强度第一次控制在伐前林木蓄积的30%以内，第二次<50%，最后视林下幼树的生长情况，达到成熟标准时，伐除上层林木。

d)三级国家级公益林和地方公益林带(块)状皆伐时，每条采伐带最大宽度不超过30m，保留带宽度不小于采伐带宽度。坡度≤5°时采伐面积≤10hm²，坡度6°~15°时面积≤5hm²，坡度16°~25°时面积≤3hm²，坡度>25°的不得采用带(块)状皆伐。

e)防风固沙林采伐，沿垂直主风害方向划分采伐带，每条采伐带最大宽度≤50m，实行隔带采伐。

f)主要树种(组)的更新年龄按(DB)标准执行，未列入的树种参照生物学和生态学特性相近树种(组)的规定执行。

4.4.1.2.4 林分更新方法及要求

a)天然更新：适用于择伐或渐伐。合理保留母树，结合种子年进行采伐或根据树种的萌芽、萌蘖能力，在树液停止流动季节进行采伐。采伐后保留具有天然下种能力的母树≥60株/hm²，且分布均匀，采伐后目的树种天然更新幼苗≥3000株/hm²。

b)人工促进天然更新：适用于择伐或渐伐。采伐后人工促进天然更新目的树种的幼苗与人工补植造林株数的总数≥3000株/hm²，且分布均匀。

c)人工更新：适用于带(块)状皆伐迹地，更新标准按GB/T 15776《造林技术规程》规定执行。当年成活率≥85%，保存率≥80%。

4.4.1.3 林带更新采伐(略)

4.4.2 森林抚育

4.4.2.1 森林抚育的种类及适宜条件

4.4.2.1.1 透光抚育

a)在造林(更新)成林后的幼龄林阶段进行。

b)对天然林，主要是调整林分树种组成，改善林分结构。对于人工林初期主要是调整种间竞争和树种组成，后期是调整种间竞争。

c)在天然更新、飞播(人工播种)、人工促进天然更新、人工丛状栽植的幼龄林初期进行定株抚育。

4.4.2.1.2 生态疏伐

在中龄林至森林更新前1个龄级(含更新采伐年龄延长达到1个龄级期限以上或不宜更新采伐但需要疏伐的成熟林)的林分，主要调整林分密度与结构，缓解林木间对生长空间的竞争。

4.4.2.1.3 林带间伐

在密度大、林木间互相挤压、生长量下降的防护林带进行，主要调整林带的结构和宽度，改善和提高林带的防护功能。

4.4.2.1.4 卫生抚育

在林分未进行更新采伐前，遭受森林火灾、病虫害、风雪等自然灾害危害，有复壮能力，受害株数达到10%以上，或发生检疫性病虫害的林分中进行。

4.4.2.1.5 补植抚育

a)在林木发育良好，但分布不均，郁闭度≤0.4，且有较大林隙、林窗或林间空地的幼龄林或中龄林中进行。

b)天然林部分林木生长良好，但分布不均，且有较大林隙、林窗或林间空地，目的树种株数低于900株/hm^2的幼龄林或株数低于600株/hm^2的中龄林。

c)人工林保存率低，部分林木生长不良，达不到成林标准的林分。

4.4.2.2 修枝抚育、浇水抚育(略)

4.4.2.3 森林抚育技术与要求

二级国家级公益林抚育的伐前林分郁闭度≥0.8，一次采伐蓄积强度≤15%，伐后郁闭度≥0.6。

4.4.2.3.1 透光抚育

a)全面抚育。在幼龄林初期全面清除影响保留木生长的非目的树种及灌木、藤本和草本植物。

b)穴状抚育。用于人工林，主要割除栽植幼树(穴)0.5~1.0m周边范围内影响其生长的杂草、灌木和非目的树种等。

c)带状抚育。在人工栽植的幼树行间，带状割除影响幼树生长的杂草、灌木和非目的树种等。

d)团状抚育。用于群团状更新的天然幼林，清除稠密树丛中影响目的树种生长的杂草、灌木和非目的树种等。

e)林分平均胸径<6cm，主要清除非目的树种。

f)林分平均直径≥6cm，抚育后单位面积株数不低于林分适宜保留株数的下限，一次抚育郁闭度降低≤0.2，伐后保留郁闭度0.6~0.8。

g)对于单层同龄林适用于下层抚育，对于混交林或复层异龄林适用于分层抚育。具体技术要求按DB21/T 706—2013执行。

h)定株抚育。人工林每个种植点(穴)有多株幼树(丛生)根据林木生长状况进行定株，每个种植点(穴)保留1~2株；天然林(封育柞蚕场)平均胸径<6cm的阔叶树萌生树丛，视具体情况保留2000~3000株/hm^2；飞播(人工播种)形成的幼林，幼树平均树高<1m保持自然生长状态，1~2m的保留2400~3000株/hm^2，≥2m的保留2000株/hm^2以上。

i)清除非目的树种及灌木、藤本植物、杂草时，注意保护珍贵树种幼树(幼苗)。

4.4.2.3.2　生态疏伐

a)纯林主要是间密留匀，留优去劣，针叶林中尽量保留生长健壮的阔叶树，混交林保持针阔比例6∶4～7∶3。

b)合理确定目标树、辅助树、干扰树，伐除干扰树，保留目标树、辅助树和适量的灌木、藤本植物等。

c)主要树种(组)疏伐后适宜保留株数执行(DB)标准。

d)下层抚育适用于单层同龄林。主要伐除Ⅳ、Ⅴ级木和部分Ⅲ级木，保留郁闭度≥0.6，一次抚育郁闭度降低≤0.2，伐后林分平均胸径大于伐前林分平均胸径。

e)上层抚育适用于林冠下更新的林分。当冠下人工更新幼树栽植8年后，平均树高≥1.5m且保留株数达到1200株/hm^2以上，伐除上层部分林木，并对冠下更新层进行抚育，伐后上层木保留郁闭度≥0.4，保持复层林结构。

f)分层抚育适用于混交林或复层异龄林。主要伐除主林层干扰树以及亚林层生长不良的林木，对演替层进行幼林抚育，清除影响目的树种生长的灌木、藤本植物等，促进演替层、更新层生长发育。

g)疏伐蓄积强度≤30%(上层抚育和分层抚育除外)，疏伐后尽量使原有的树种(植物)种类不减少(有害生物除外)，合理保留幼树、灌木、藤本和草本植物。

4.4.2.3.3　林带间伐

a)林带间伐后疏透度在0.4以下，并保持原林带的总体结构。

b)林带间伐的株数强度≤50%。

4.4.2.3.4　卫生抚育

a)伐除受害木。受害木较多时，要适当保留受害较轻的林木，使林分郁闭度保持在0.4以上。

b)当抚育后林分郁闭度≤0.4时，选择适宜树种进行人工补植或人工促进天然更新，更新幼树保留株数≥1500株/hm^2。

c)发现检疫性病虫害的林木应全株清理。

4.4.2.3.5 补植抚育

a)对适宜补植抚育的中幼龄林，根据林隙、林窗或林中空地分布情况，局部清场、整地后进行人工补植或人工促进天然更新，补植(促进更新)后单位面积林木株数≥1500～2400株/hm^2。

b)对保存率与成活率达不到要求的林分(带)选用原更新造林树种或其他适宜树种进行补植，补植后单位面积林木株数达到设计要求。

c)清场作业时要适当保留珍贵树种的幼树(幼苗)。

4.4.2.3.6 修枝抚育和浇水抚育(略)

4.4.3 低效林改造

低效林改造包括择伐改造、带块状改造和斑块改造。

4.4.3.1 择伐改造

4.4.3.1.1 适用对象

适用于中龄林、近熟林阶段，目的树种健壮林木株数不足林分适宜保留株数40%或林木蓄积量≤60m^3/hm^2的残次林分。

4.4.3.1.2 技术措施

a)在林分中，伐除非目的树种和非目的树种中的枯立木、病腐木、濒死木、老龄木、霸王木及生长不良的林木。择伐蓄积强度≤30%(二级国家级公益林择伐蓄积强度≤20%)。

b)伐后局部清场、整地、冠下栽植耐阴的针叶树1500～1800株/hm^2，造林后连续幼林抚育3～5年，人工诱导针阔混交林。

4.4.3.2　带块状改造

4.4.3.2.1　适宜对象

a)只适用于三级国家级公益林和地方公益林。

b)适用于立地条件好，但因不适地适树等因素造成中、近熟林阶段蓄积量 60 株/hm^2 以下，达不到防护效果的林分(带)。

4.4.3.2.2　技术措施

a)因病虫害危害的林分(带)，伐除所有林木，进行全面清场整地，并采取消毒、灭菌杀虫等预防措施，因地制宜地选用适生优良壮苗，依照设计标准造林，造林后按照防护林经营的要求开展森林经营活动。

b)人工林：坡度≤5°时，伐区面积≤10hm^2；坡度 6°~15°时，伐区面积≤5hm^2；坡度 16°~25°时，伐区面积≤3 hm^2；坡度 26°~30°时，进行带状改造且面积≤3hm^2；坡度>30°的不得进行带块状改造。

c)天然林：坡度≤15°时，伐区面积≤4hm^2；坡度 16°~25°时，伐区面积≤2hm^2。采伐地段间保留相当于采伐面积的保留块，进行迹地清理后，栽植与立地条件相适应的阔叶树种或针叶树种，形成块状针阔混交林。

d)在低效林内开拓效应带(采伐带)。效应带的走向在坡度>15°时与等高线平行；坡度≤15°时顺山设置效应带；风害严重地区应垂直主风害方向。效应带宽度不大于平均树高的 2 倍，保留带宽度小于效应带。在开拓效应带时，要保留目的树种的幼苗、幼树，在效应带上通过选择适宜更新树种进行人工造林，同时对保留带进行抚育诱导形成带状混交林。

e)更新标准执行主伐更新(DB)标准。

4.4.3.3　斑块改造

4.4.3.3.1　适用对象

适用于天然次生林林相混杂、多代萌生、分布不均、蓄积量≤60m^3/hm^2的中幼龄林阶段的低效林。

4.4.3.3.2 技术措施

a)改造后针叶树与阔叶树呈群团状或带状混交，在作业区内保留的阔叶树斑块面积占30%~50%。群团状混交保留阔叶树一般每个单元面积0.5~2.0hm^2，最大2~3hm^2，带状混交配置的阔叶树保留宽度在50m左右。

b)对于地形起伏大的沿山脊走向带状或起伏小的凸地群团状地带保留0.5~2.0hm^2的阔叶树。

c)易发生滑坡和土壤流失山地，横山带状保留阔叶树，对于山脊处的阔叶树应尽量保留栎类等深根性树种。

d)在立地条件差异较大、土层较浅、石砾较多的地段群团状保留阔叶树。

e)对于风口风害发生频繁、人工造林不容易成活和生长的地段，设置阔叶树保留区域。

f)在坡面较陡的作业道上下以及溪流岸边，设置阔叶树保留区。

g)阔叶树保留区域确定后，对其余地块进行局部或全面清除低价值林木、灌木及杂草，人工更新适宜生长的乡土树种，更新标准执行(DB)主伐更新相关要求。

h)采伐蓄积强度≤40%(二级国家级公益林采伐蓄积强度≤20%)。

4.4.3.4 下列低效防护林不得进行改造

a)生态重要性或生态脆弱性等级为1级的低效防护林。

b)海拔在1000m以上的低效防护林。

c)林地坡度>35°或石质山地等自然条件恶劣地区的低效防护林。

d)其他不宜进行改造的低效防护林。

4.4.4 特种用途林经营

4.4.4.1 国家自然保护区核心区的森林及名胜古迹、世界自然遗产地、革命圣地、文化纪念林的林木严禁采伐。

4.4.4.2　其他特种用途林只允许进行抚育和更新采伐。

4.4.4.2.1　更新采伐

a)国防林、风景林核心景区和游览区及自然保护区缓冲区的森林依据林木的自然成熟进行更新采伐。

b)科学实验林、种质资源林(包括母树林、种子园、采穗圃)等依据建设规划和实验设计确定的更新采伐时间、采伐方式与方法实施更新采伐。

4.4.4.2.2　抚育采伐

a)国防林和国家级自然保护区缓冲区的森林可进行卫生抚育。

b)风景林依据森林美学的原理，按照改造或塑造新景观的实际需求进行森林景观疏伐。

c)科学实验林、种质资源林(包括母树林、种子园、采穗圃)依据建设规划和实验设计实施抚育。

4.4.4.3　当特种用途林遭受火灾、病虫害及风雪等自然灾害严重危害后无恢复成林能力时，及时清理受害林木，因地(林)制宜地选择适宜的更新方式及时恢复森林，按照特种用途林的培育目标和要求开展森林经营活动。

4.5　商品林经营

4.5.1　主伐更新

4.5.1.1　主伐更新对象

适用于优势树种(组)达到主伐年龄的林分。

4.5.1.2　主伐方式

包括皆伐、渐伐和择伐三种方式。

4.5.1.2.1　皆伐

适用于成、过熟同龄林或单层林。

a）采用全小班皆伐、块状皆伐或带状皆伐。在地形复杂的山坡地，可设计不规则的块状伐区；在地形比较平坦的地段，根据小班面积与形状设计带状或块状伐区。

b）人工林：坡度≤5°时，伐区面积≤30hm^2；坡度6°～15°时，伐区面积≤20hm^2；坡度16°～25°时，伐区面积≤10hm^2；坡度26°～30°时，伐区面积≤5hm^2；坡度>30°的不得进行皆伐。

c）天然林：坡度≤5°时，伐区面积≤15hm^2；坡度6°～15°时，伐区面积≤10hm^2；坡度16°～25°时，伐区面积≤5hm^2；坡度>25°的不得进行皆伐。

d）在风沙严重区或易引起水土流失区域，采伐带（块）间要保留相当于采伐面积的林带（块），待采伐迹地更新成林后，方可采伐保留的林带（块）。

e）伐区面积不得大于保留面积，并保留伐区内生长健壮的黄波罗、刺楸等珍贵树种的幼树、幼苗。

f）对生态重要性或生态脆弱性为1级的商品林不得进行皆伐。

4.5.1.2.2　渐伐

适用于天然更新能力强的成、过熟单层林，皆伐后易发生自然灾害（如水土流失等）的成、过熟同龄林或单层林，中小径木株数不足林分总株数30%的异龄林。

a）渐伐一般采用二次或三次渐伐，全部采伐更新过程一般不超过1个龄级期限。

b）二次渐伐时，第一次采伐林木的蓄积量≤50%，保留郁闭度≥0.4；第二次采伐视林下幼树的生长情况，达到成林标准时，伐除上层林木。

c）三次渐伐时，第一次采伐林木的蓄积量≤35%，保留郁闭度≥0.5；第二次采伐林木的蓄积量≤50%，保留郁闭度≥0.3；第三次采伐视林下幼树的生长情况，达到成林标准时，伐除上层林木。

4.5.1.2.3　择伐

适用于异龄林、复层林，为形成复层异龄结构或为培育大径级林木的成、过熟同龄林或单层林，其他不适宜皆伐和渐伐的林分。

a)择伐蓄积强度≤40%，保留郁闭度≥0.5。

b)对伐后容易引起水土流失或林木风倒的林分，每次择伐的蓄积强度≤30%，保留郁闭度≥0.6。

c)择伐作业时应首先确定保留木，将能达到下次采伐的优良木保留下来，再确定采伐木，并优先保留生长健壮的黄波罗、刺楸等珍贵树种。择伐作业间隔期不低于1个龄级期限。

4.5.1.3　更新方式

更新方式包括人工更新、天然更新和人工促进天然更新三种。森林采伐后当年或翌年更新，做到更新跟上采伐，以人工更新为主，人工更新与天然更新相结合。东部地区采伐迹地更新前禁止进行农作物种植。

4.5.1.3.1　人工更新

适用于皆伐迹地、没有天然更新条件和能力的渐伐迹地，其他不宜天然更新或天然更新与人工促进天然更新无保障的采伐迹地，以及为生产作业提供服务的临时性占地的森林植被恢复。

a)更新树种的选择，应根据培育目标、立地条件、树种特性，因地制宜地确定。

b)大力发展当地树种，应根据培育目标、立地条件、树种的生物学和生态学特性，因地制宜确定。

c)选用优良乡土树种，多树种更新，营造混交林，适当推广引种成功的优良树种。

d)人工更新后连续幼林抚育3~5年，确保成活成林。

4.5.1.3.2 天然更新

适用于择伐迹地、具备天然更新条件和能力的渐伐迹地，其他适合于天然更新的采伐迹地。

a)依靠树种的天然下种能力进行天然更新的，合理保留母树，结合种子年进行采伐。

b)依靠目的树种的萌蘖能力进行天然更新的，在树液停止流动的季节进行采伐，采伐时要尽量降低伐根高度。

c)在复层林和异龄林中进行择伐作业时，须保护好目的树种的幼苗幼树。

4.5.1.3.3 人工促进天然更新

适用于具有一定的天然更新条件和能力，但完全依靠天然更新又不能达到恢复森林目的，采取人为的辅助措施能够恢复成林的采伐迹地。

a)对目的树种幼苗幼树的数量不足或分布不均匀，以及具有萌蘖能力的树桩(根)数量不足或分布不均匀的采伐迹地，进行人工补植造林，确保数量与分布达到 GB/T 15776(造林技术规程)规定的采伐迹地更新标准。

b)对依靠天然下种更新的采伐迹地，采取整地松土、清除杂草灌木等措施，保证种子落地后发芽成苗和健康生长。

c)依靠萌蘖更新的采伐迹地，进行人工松土、断根等辅助措施，保证更新质量。

4.5.1.4 森林更新标准

a)当年采伐当年更新或翌年更新，更新面积≥采伐面积。

b)人工更新当年成活率≥85%，保存率≥80%。

c)天然更新的目的树种的幼苗(幼树)株数5年生以下的株数≥5000株/hm^2。

d)人工促进天然更新目的树种的幼苗(幼树)株数与人工补植造林株数的总数≥3000株/hm^2，且分布均匀。

4.5.2 森林抚育

4.5.2.1 森林抚育对象

a)造林(更新)成林后，出现目的树种生长受高大草本植物、灌木、藤本植物以及霸王树等抑制和影响的林分。

b)林分形成初期，一个植穴有 2 个以上林木，或一个植株有 2 个以上萌条，或林木丛生的林分。

c)幼龄林至中龄林阶段，林木分化明显，出现自然稀疏现象，平均胸径连年生长量开始下降的林分。

d)主伐年龄延长达 1 个龄级期以上的近熟林或不宜主伐但需抚育的成熟林。

e)需要进行林冠下更新或已进行冠下更新的幼树生长受到上层木抑制的林分。

f)遭受到火灾、病虫害及风雪等自然灾害的林分。

g)林木生长发育良好，但分布不均，且有较大林隙、林窗或林中空地的林分。

h)林木枝条造成林内光照、通风不良，并影响干形、木材质量及林分卫生状况的林分。

i)林分形成初期遭受旱灾而导致水肥供需不足，影响林木存活的林分。

j)速生丰产林、短轮伐期工业原料林等具有特殊培育目标的林分。

4.5.2.2 森林抚育的种类及适宜条件

4.5.2.2.1 透光抚育

a)在造林(更新)成林后的幼龄林阶段进行。

b)对天然林，主要是调整林分树种组成，改善林分结构，清除影响目的树种生长的非目的树种和藤本植物、灌木，以及目的树种中的霸王木、形质(生长)不良的林木。

c)对人工林，初期主要是调整树种组成，后期是调整解决种内竞争。造林(更新)后，进行第一次抚育，主要是割灌除草，割除非目的树种以及影响目的树种生长的藤本植物等。其后的抚育，主要是伐除过密和质量低劣的目的树种及妨碍目的树种生长的非目的树种和藤本植物等。

d)在天然更新、飞播(人工播种)、人工促进天然更新、人工丛状栽植的幼龄林初期进行定株抚育。主要保留生长发育良好、有培育前途的林木和萌条，除去同穴、同株、同丛的其他林木、萌条，以及影响保留木生长的藤本植物、灌木和非目的树种等。

4.5.2.2.2 生长抚育

a)在中龄林阶段以及主伐年龄延长 1 个龄级期以上的近熟林或不宜主伐但需抚育的成熟林和需要进行林冠下更新或已进行冠下更新的幼树生长受到上层木抑制的林分中进行。

b)通过调整单位面积上的林木株数、林分结构、伐除过密的生长不良和质量低劣的林木，以促进保留木生长及提高林分质量。

4.5.2.2.3 卫生抚育

在林分未进入主伐利用前，遭受森林火灾、病虫害、风雪等自然灾害危害但有复壮能力，受害株数达到 10% 以上，或发生检疫性病虫害，以及林内卫生状况较差的林分中进行。

4.5.2.2.4 补植抚育

a)在林木生长发育良好，但分布不均，郁闭度 <0.4，或较大林隙、林窗或林中空地的幼龄林或中龄林中进行。

b)天然林部分林木生长良好，但分布不均，且有较大林窗或林中空地，目的树种株数低于 1200 株/hm^2 的幼龄林或株数低于 900 株/hm^2 的中龄林。

c)人工林保存率低，部分林木生长不良，达不到成林标准的林分。

4.5.2.2.5 修枝抚育、浇水抚育和施肥抚育(略)

4.5.2.3 森林抚育技术及要求

4.5.2.3.1 透光抚育

a)全面清除影响保留木生长的乔木、灌木、藤本和草本植物。

b)林分平均直径<6cm，主要清除非目的树种。

c)林分平均直径≥6cm，抚育后单位面积株数不低于林分适宜保留株数的下限，一次抚育郁闭度降低≤0.2，抚育后保留郁闭度0.6~0.8。

d)对于单层同龄林适用于下层抚育、对于混交林或复层异龄林适用于分层抚育，具体技术要求按DB21/T 706—2013执行。

e)对于株距整齐、初植密度大、行状混交的人工林适用于机械抚育。在林分内不进行林木分级，机械的隔行或隔株伐除部分林木。机械抚育时要对保留行(带)的亚健康以下级别(或V级木)的林木进行清除。

f)定株抚育。人工林每个种植点(穴)有多株幼树(丛生)，根据林木生长状况进行定株，每个种植点(穴)保留1~2株；天然林(封育柞蚕场)平均胸径<6cm的阔叶树萌生树丛，均匀保留2000~3000株/hm^2。

4.5.2.3.2 生长抚育

a)做到留优去劣，留大砍小，间密留稀，控制强度。

b)蓄积采伐强度(上层抚育除外)≤30%，机械抚育≤50%。

c)伐后单位面积株数不低于林分适宜保留株数的下限，一次抚育郁闭度降低≤0.2，保留郁闭度≥0.6；在不影响抚育作业施工的情况下尽量保留下层植被。

d)下层抚育适用于单层同龄林，主要是伐除Ⅳ、Ⅴ级木和部分Ⅲ级木，以及发育不良的Ⅰ、Ⅱ级木，伐后林分平均胸径大于伐前林分平均胸径。

e)上层抚育适用于林冠下更新的林分，当冠下人工更新幼树栽植 8 年后，平均树高≥1.5m 且保留株数达到 1200 株/hm^2以上，伐除胸径 >12cm 的上层林木，以及影响冠下更新幼树生长的林木，伐后上层木保留郁闭度≥0.4。

f)分层抚育适用于混交林或复层异龄林。主要伐除干扰树(枯立木、濒死木、病腐木、被压木、弯曲木、多头木、霸王树等)以及非目的树种和其他妨碍目标树与辅助木生长的林木，对于针叶林中混生的阔叶树尽量保留，对保留木生长发育造成危害的可作为采伐对象伐除，并注重保留珍贵树种。

4.5.2.3.3 卫生抚育

a)伐除受害木。受害木较多时，要适当保留受害较轻的林木，抚育后的林分郁闭度保持在 0.4 以上。

b)当抚育后林分郁闭度≤0.4 时，需要选择适宜树种进行人工补植或人工促进天然更新，更新幼树株数≥1500 株/hm^2。

c)发现检疫性病虫害的林木应全株清理。

4.5.2.3.4 补植抚育

a)对适宜补植抚育的幼龄林，进行局部或全面清理灌木、杂草后，人工补植或人工促进天然更新，补植(促进更新)后的目的树种株数要达到设计密度要求。更新后要连续幼林抚育 3~5 年。

b)适宜补植抚育的天然中龄林，林冠下栽植 600~1200 株/hm^2耐阴树种，林窗内栽植 1500~2400 株/hm^2耐阴树种，面积≥0.06hm^2的可栽植 2400~3300 株/hm^2喜光树种。

c)抚育时要适当保留珍贵树种的幼树(幼苗)。

4.5.2.3.5 修枝抚育、浇水抚育和施肥抚育(略)

4.5.3 低产林改造

低产林改造包括皆伐改造、择伐改造、效应带改造和其他改造四种。

4.5.3.1　皆伐改造

4.5.3.1.1　适用对象

a）人工造林后由于树种选择不合理、种源不适宜、立地条件不适应等因素造成中、近熟林阶段林木蓄积连年生长量 $\leqslant 4m^3/hm^2$ 或林木蓄积量 $\leqslant 60m^3/hm^2$ 的林分。

b）遭受火灾、病虫害和风雪等自然灾害严重危害，无复壮能力的林分。

4.5.3.1.2　技术措施

a）坡度≤5°时，伐区面积 $\leqslant 10hm^2$；坡度6°～15°时，伐区面积 $\leqslant 5hm^2$；坡度16°～25°时，伐区面积 $\leqslant 3hm^2$；坡度26°～30°时，进行带状皆伐改造且面积 $\leqslant 3hm^2$；坡度>30°的不得进行皆伐改造。

b）对杨树低产林，在风沙严重、土壤瘠薄、水源缺少地区，采用带状皆伐改造。

c）对生长在侵蚀沟、林缘及疏林空地的油松低产林，应根据立地条件补植适生的乔、灌木；在大面积纯林地域，可进行带（块）状改造，伐后栽植适生的阔叶乔、灌木等树种。

d）进行带状皆伐改造时，顺山带适用于水土流失较小的缓坡地带，横山带或斜山带适用于有水土流失可能的地带。

e）对火灾、病虫害和风雪等自然灾害危害严重，无复壮能力的林分，根据实际发生情况进行伐区设计改造。

f）更新标准执行主伐更新 DB21/T 706—2013 标准要求。

4.5.3.2　择伐改造

4.5.3.2.1　适用对象

天然林中龄林阶段林木蓄积量 $\leqslant 60m^3/hm^2$ 的林分，或有培育前途的目的树种株数不足林分适宜保留株数40%的林分。

4.5.3.2.2 技术措施

a)保留有培育前途的中小径木，清除非目的树种，无培育前途的老龄木、病腐木、枯立木、濒死木和灌丛，伐后进行局部清场、整地。

b)在林下或林中空地因地制宜地栽植耐阴的优良树种 1500～2400 株/hm^2，更新后要连续幼林抚育 4～6 年。

c)作业时要适当保留珍贵树种的幼树(幼苗)。

4.5.3.3 效应带改造

4.5.3.3.1 适宜对象

中龄林和近熟林阶段林木蓄积量≤45m^3/hm^2的多代萌生、林相残破林分(含封育柞蚕场)。

4.5.3.3.2 技术措施

a)效应带(采伐带)宽度不大于平均树高的 2 倍，保留带与效应带等宽；块状改造时，每块的采伐面积≤2hm^2，且采伐面积不大于保留面积。伐除效应带(块)上全部林木，并清理影响更新的灌木和杂草。

b)在效应带(块)内人工更新目的树种 2400～3300 株/hm^2。

c)保留带(块)进行间伐，主要清除目的树种，并进行清场后，人工更新目的树种 1500～2400 株/hm^2。

4.5.3.4 其他改造措施

适用于通过其他辅助措施可改变生长状态的中幼龄林。

a)嫁接改造法：对生长不良、无培育前途并有适宜嫁接的幼树，通过嫁接优良树种，改造成有培育前途的林分。

b)平茬改造法：对萌芽、萌蘖能力强的林分，可在林木休眠期进行平茬，使其萌发新的植株，并对新植株及时定株、修枝。

4.5.4 封山(沙)育林

4.5.4.1 适用对象

a)坡度>35°及岩石裸露、山脊、跳石塘等不易更新的林分或林地。

b)天然林中龄林阶段林木蓄积量>60m^3/hm^2，且不适宜抚育采伐的林分。

c)人工及天然更新起来的幼林地、灌木丛，以及其他适合封育的林分。

4.5.4.2 技术措施

a)对实行封育地块，应划清边界、标明四至、设立标牌、设置围栏、落实责任。

b)在封山育林区内杜绝樵采、垦荒、放牧、修枝。

c)封育方式分为全封、半封和轮封三种方式。

d)封育期限一般为5~10年，也可根据生产经营活动的实际需求确定。

4.5.4.3 其他用材林经营、薪炭林经营和经济林经营(略)

4.6 可持续经营实验示范项目

4.6.1 人工公益林近自然化改造试验

4.6.1.1 实验示范目标

运用近自然森林经营的基本理论和技术方法，通过培养目标树、生态目标树标记和干扰树择伐、人工补植辅助天然更新等措施，把单一树种、单一林层的同龄人工油松(落叶松)公益林，改造为混交、复层、异龄林，形成稳定、高效的森林群落，促进林分结构和功能趋于优化，发挥最佳的生态、经济和社会效益。

4.6.1.2 基本原则

a)保留大径级林木，利用次优势木，以促进目标树生长，促进林分混交和复层异龄化。

b)促进林下更新、促进森林向顶级群落发展。

c)生产出一定数量的木材，为森林经营单位创造可观的经济效益。

4.6.1.3 目标发展类型

希望实现自然的可能和人类需要符合的最优结合。结合抚顺地区实际设计油松(落叶松)—阔叶树混交林目标森林发展类型(理想的林分状态)。

4.6.1.3.1 森林概况

a)保持以油松(落叶松)为主的针阔混交状态。

b)冠下有丰富的阔叶树幼树更新，接近天然森林群落。

c)混交比例随小地形有可能发生一些变化，在森林演替进程中天然更新能保持和发展。

4.6.1.3.2 自然保护和提供游憩景观森林

a)营造多树种混交结构，保护槭树等高景观价值树种。

b)优先保护栎树、椴树和水曲柳等珍贵乡土树种。

c)保护丰富的物种资源，保护洞穴木、老朽木和有鸟巢的树木。

4.6.1.3.3 目标直径

a)油松(落叶松)干材：胸径 35 ~ 50cm。

b)阔叶树干材：胸径 45 ~ 60cm。

c)达到目标直径的树木可以通过择伐方式进行主伐或更新利用。

4.6.1.3.4 理想树种结构比例

4.6.1.3.4.1 目标林分主林层树种结构

a)油松(落叶松)株数占 40%~60%。

b)栎类、椴树、水曲柳和槭树等珍贵乡土树种株数占 20%~30%。

c)其他伴生树种株数占 10%~20%。

d)在 20 年甚至更长的一段时间内，主林层仍然以油松(落叶松)为主。

4.6.1.3.4.2　目标林分更新层树种结构

a)油松(落叶松)株数占 20%~40%。

b)栎类、椴树、水曲柳和槭树等珍贵乡土树种株数占 30%~40%。

c)其他伴生树种株数占 20%~50%。

4.6.1.3.5　营林措施

a)选择主林层内的目标树，伐除干扰树。

b)保护所有的林下更新的幼树。

c)5 年后进行第二次目标树作业和干扰树伐除。

4.6.1.4　目标树作业设计(林木分类)

4.6.1.4.1　目标树(zieldaum)

a)是长期保留、完成天然下种更新并达到目标直径后才可利用的林木(标记为“Z”)。

b)胸径较大、树干通直圆满、无损伤和病虫害。

c)处于林冠上层的优良树木。

4.6.1.4.2　干扰树(bedraenger)

a)影响目标树和生态目标树生长的林木(标记为“B”)。

b)抚育采伐对象，通过营林作业择伐后利用。

4.6.1.4.3　生态目标树

a)也叫特殊目标树，为增加混交树种、保持林分结构或生物多样性等目标服务的林木(标记为“S”)。

b)在人工单层纯林的情况下，林分内处于中层和下层的阔叶树种一律作为生态目标树保留。

c)生态目标树每公顷不足 120 株的，需人工补植乡土珍贵阔叶树。

4.6.1.4.4　一般林木

除上述三种以外的林木，不作特别标记。

4.6.1.4.5　冠下更新(补种)

a)应注意保护林下天然更新的阔叶树种和人工补种的乡土阔叶树种。

b)采取林间空隙处补植和群团状补植，注意群间交差错开，避免全林补植。

c)有利于提高森林的物种多样性。

4.6.1.5　营林设计及作业

4.6.1.5.1　目标树的选择

选择目标树根据不同林龄阶段的树高范围确定。

a)树高5～10m，目标树密度控制在250株/hm^2左右。

b)树高11～15m，目标树密度控制在150株/hm^2左右。

c)树高16～24m，目标树密度控制在100株/hm^2左右。

d)树高>24m，目标树密度控制在50～80株/hm^2。

4.6.1.5.2　生态目标树的选择

林分内处于中层和下层的阔叶树种一律保留，作为生态目标树。

4.6.1.5.3　干扰树的选择

a)在目标树周围选择干扰树，选择严重影响目标树生长的树木。

b)树冠与目标树形成侧方或上方相交而影响其生长的并有一定利用价值的林木。

4.6.1.5.4　下木保护

a)珍贵的有培育价值的天然更新幼树和幼苗全部保留。

b)对影响天然更新幼树和幼苗生长的灌木和藤条进行清理，不影响的灌木要保留。

c)作业时要特别注意，不能对天然更新的幼树和幼苗造成损坏。

4.6.1.5.5　采伐强度

单次采伐蓄积强度不超过30%；伐后林分郁闭度≥0.6。

4.6.1.5.6　采伐间隔期

每5年对林分目标树、生态目标树进行一次检查和淘汰；根据林分状态确定并伐除新的目标树。

4.6.2　天然林修正检查法经营技术

4.6.2.1　项目简介

修正检查法是在同龄林的法正林理论提出之后，由法国林学家顾尔诺(Adolphe Gaurnaud)在1878年提出，由瑞士林学家毕奥莱(Henrico Biolley)长期实验而建立的异龄林经营方法，也叫法正异龄林。

毕奥莱将异龄林的林分划分为3个直径组，其法正蓄积结构如下：

小径木(胸径20～30cm)蓄积占20%；

中径木(胸径35～50cm)蓄积占30%；

大径木(胸径55cm以上)蓄积占50%。

4.6.2.2　修正检查法指标

地位级划分三个等级、直径组划分三个直径组、直径组蓄积比例等指标详见附表5。

4.6.2.3　经营技术

4.6.2.3.1　目标林分

天然复层异龄林，单位面积蓄积量和生产力高，天然更新能力强，森林健康度和生物多样性良好，森林生态系统稳定，森林生态和社会功能优质高效。同时，能持续产出经济收益的可持续经营林分。

4.6.2.3.2　基本条件

适用于天然复层异龄林；林分单位蓄积量达到或接近修正地位级三个等级的标准；立地条件较好，天然更新能力较强。

4.6.2.3.3　作业设计

a)初步踏查。选择林分状况和大、中、小径级分布比较接近目标林分的小班。

b)确定地位级。通过对小班全林检尺，确定林分地位级。

c)直径组标注。大径组用红色、中径组用黄色、小径组用绿色油漆垂直树干 1.2m 处划横线。

d)直径组比例。根据直径组树木株数比例与目标蓄积比例差异，确定各直径组采伐株数。

e)标注采伐木。本着留优去劣原则，按着老残、病损、干形不良和培育价值较差等顺序确定采伐木。采伐木用红色油漆划“×”符号进行标注。

f)修枝作业。对保留木和下木进行修枝作业，修枝后冠高比为 1/3～1/2。

g)下木保护。胸径 5cm 以下，珍贵树种和有培养价值的天然幼树和幼苗，原则上全部保留。

h)作业间隔期。间隔期 5 年，每 5 年进行林分径级木比例检查。

i)控制指标。林分经营指标为各直径组株数比例，详见附表 5。

j)采伐强度。单次采伐作业蓄积强度 <25%，伐后郁闭度 >0.6。

4.6.2.3.4 经营管理

a)建立专门档案，一式两份。

b)保留对照区和固定样地，定期进行监测。

c)试验示范限于国有林场和森林经营管理比较好的乡村，报市局批准后实施。

4.6.3 日本落叶松、长白落叶松速生丰产大径材林培育技术

是指日本落叶松、长白落叶松速生树种，以生产大径材

为培育目标，通过定向培育在一定的期限内能够达到预期培育林木径级和规模产量的林分。详见辽宁省地方标准 DB21/T 1724—2009。

4.6.3.1　整地

a)场地清理。整地前进行全部清场、割灌、割草(采伐迹地要将采伐剩余物摆带或摆堆)，在非防火期进行火烧场地清理。

b)整地时间。整地时间在造林前一年的 9 ~ 10 月。

c)整地规格。整地实行穴状整地，穴长、宽各 50cm，深 30cm，顺山里低外高，捡出树根、石块，表土返底层。

4.6.3.2　造林

a)初植密度。按 2222 ~ 2500 株/hm^2 的初植密度进行栽植。

b)栽植。采用穴植法进行栽植。将苗木置于穴中央后覆土，提苗使苗木根系舒展，然后踩实，再覆土，再踩实再覆土。

4.6.3.3　幼林抚育

造林后连续幼林抚育 3 年 5 次，即第一年 2 次，第二年 2 次，第三年 1 次。幼林抚育时间为每年的 6 月下旬至 8 月上旬，两次抚育间隔期在 20 天以上。

4.6.3.4　抚育间伐

a)抚育间伐间隔期。抚育间伐间隔期为 3 ~ 4 年。

b)保留木选择。坚持“留优去劣，密间稀留”的原则。初次弱度抚育，伐除全部非目的树种和目的树种中没有前途的林木，伐除全部藤本植物和灌木；首次强度抚育，伐除全部Ⅳ、Ⅴ级木和少部分Ⅲ级木；持续弱度抚育，伐除超弯、腐朽、纵裂、双头等有缺陷的林木，以及处于林冠下层的Ⅳ、Ⅴ级木；最终强度抚育，伐除超弯等有缺陷的林木和胸径小于平均胸径 2/3 的林木，对生长势较高的优势木可以按植生组方式保留。

4.6.3.5 人工修枝

a)修枝方法。结合初次弱度抚育进行修枝，修枝高度2.0~2.5m。初次弱度抚育修枝后，主要依靠自然整枝，对林缘及自然整枝不良的林分，结合最终强度抚育进行修枝。

b)修枝季节。在秋季树木落叶后至翌年春季解冻前进行。修枝工具，使用手锯(小齿锯)，禁止棒打或刀砍。

4.6.3.6 主伐

在商品林中皆伐，坡度6°~15°时，伐区面积≤$20hm^2$；坡度16°~25°时，伐区面积≤$10hm^2$；坡度>25°的不得进行皆伐。在坡度>25°的商品林和公益林中，每次择伐的蓄积强度最大不超过40%，伐后林中空地直径不大于林分平均高，林木保留株数不低于伐前总株数的60%，林分郁闭度≥0.5，择伐的间隔期不低于1个龄级期限。

4.6.4 红松果林经营技术

红松果林是指选取结实型优树的红松接穗进行嫁接，通过抚育等一系列经营管理措施，促进林木结实，以大量生产优质松子为目标的林分。主要丰产指标、丰产技术措施详见LY/T 1629—2005。

4.6.5 多功能林经营模式

多功能林经营模式是在小班内采取相同的、适合各个小班经营目的的森林经营措施的组合类型。分为人工纯林诱导复层林经营模式、天然次生林诱导复层林模式和人工营造混交林模式三种。详见DB21/T 1944—2012。

4.6.5.1 人工纯林诱导复层林经营模式

4.6.5.1.1 适宜对象林分

人工纯林的幼龄林、中龄林和近熟林。

4.6.5.1.2 诱导方法

根据现实林分特点，采取带状间伐的方法，每隔2～4行伐去2～6行的林木(伐、留等行)，在采伐带上栽植耐阴树种红松、云杉、冷杉、水曲柳、椴树、黄波罗等，连续幼林抚育3～5年，幼林抚育方法见GB/T 15776—2006造林技术规程。对于保留带上林木连续进行抚育间伐3～5次，抚育采伐方法见DB21/T 706—2013森林经营技术规程。抚育间伐目标是使林分最后保留株数在100～150株/hm^2。

4.6.5.1.3 理想林相

通过诱导措施，使现实林向多功能林转变，最后实现多功能林理想目标，即保持多功能林分经常处于复层、异龄、混交的状态进行轮替的森林经营模式。

4.6.5.2 天然次生林诱导复层林模式

4.6.5.2.1 适宜对象林分

天然次生林的幼龄林、中龄林和近熟林。

4.6.5.2.2 诱导方法

根据现实林状况，采取等距离带状采伐方法(带宽5～10m，伐、留等宽)，于采伐当年或翌年在采伐带上人工更新耐阴树种红松、云杉、冷杉等，使其与上层保留林木形成人工天然复层林。造林和幼林抚育方法参照GB/T 15776—2006进行，抚育采伐方法参照DB21/T 706—2013进行。通过上层林木抚育间伐最后保留株数为100～150株/hm^2。

4.6.5.2.3 理想目标

通过诱导措施，使天然次生林向多功能林转变，最后实现多功能林理想目标，即保持多功能林分经常处于复层、异龄、混交的状态进行轮替的森林经营模式。

4.6.5.3 人工营造混交林经营模式

4.6.5.3.1 适宜对象

选择立地条件适宜、交通方便的宜林荒山荒地。

4.6.5.3.2 营造方法

通过人工营造混交林方法，实现多功能林。采用带状混交方法营造带状混交林，带间距离为5～10m，株行距采用1.5m×1.5m。用不同混交树种进行混交，带宽相同，混交林营造方法参见LY/T 1607—2003造林作业设计规程。抚育间伐具体方法参见DB21/T 706—2013。

4.6.5.3.3 理想林相

人工营造多功能林，从一开始就要考虑树种的混交问题，通过混交林实现森林多功能。复层林目标可以通过速生与慢生树种搭配实现。异龄林目标通过上层速生林木进入主伐期后更新下一代幼林实现。

4.6.5.4 多功能林主要经营目标

4.6.5.4.1 涵养水源和水土保持性能高目标

该目标是多功能林经营的基本目标，森林无论生长在任何地方，都要把充分发挥这个目标作为基本要求。辽宁省很多地区都处于缺水和土地荒漠化日趋严重的状况，必须坚持这个基本目标。

4.6.5.4.2 高蓄积量目标

高蓄积量目标是根据可持续木材生产功能和我国近期对于木材生产的高度需求提出来的，它与高碳储存目标紧密相关，高蓄积量是更好地以木材的形式储存CO_2的有效办法。

4.6.5.4.3 高生长量目标

多功能林承担着吸收CO_2、稳定大气CO_2含量、快速形成森林环境和资源循环利用的功能。把多功能林作为一种可再生循环资源，最大限度地提高循环速度。

4.6.5.4.4 维持生物多样性目标

维持生物多样性目标是保护生态系统中的生物遗传基因和森林各种生物自身存在的需要。尽管短时间内不会对森林产生明显效果，但是，从长远看它对经营对象会产生较大的影响，而且还会对区域、国家乃至更大尺度带来重要的影响。

4.6.5.4.5　多目的利用目标

森林多目的经营可以使区域社会从多功能林中得到生产和生活所需要的各种产品和服务，包括森林的公益服务功能、文化服务功能，改善区域内外的环境质量，为区域社会提供最大的全面利用价值。

4.6.6　落叶松—红松复层林营建技术

在落叶松主伐的前一个龄级以后通过疏伐措施保留一定数量的上层林木，并在林冠下人工栽植红松，形成上层落叶松与下层红松的二层林。

4.6.6.1　要求

a)落叶松伐后保留木郁闭度0.5~0.6。

b)冠下更新造林当年成活率≥95%，第三年保存率≥90%。

c)上层保留的落叶松树干修枝高度≥8m，90%林木树干通直，8m以下无分杈。

d)皆伐时上层保留木平均胸径，日本落叶松≥30cm，长白落叶松≥26cm，冠下幼树保留株数≥1200株/hm^2，红松平均树高≥1.5m。

e)林下草本和灌木植被覆盖≥40%，无明显水土流失、侵蚀沟出现。

4.6.6.2　林分选择

a)落叶松林龄≥31年。

b)冠下更新造林地块面积0.5~10hm^2，超过10 hm^2需要采取带状采伐营造阔叶树带或保留萌生阔叶树。

4.6.6.3　上层木作业

a)在冠下更新造林的前一年进行上层木采伐作业，按照留优去劣的原则进行采伐木选择，采伐后上层保留木郁闭度保持在 0.5 ~0.6，单位面积保留株数 350 ~400 株/hm^2。

b) 上层木采伐作业后对保留木进行修枝，修枝高度≥8m。

c) 割除的杂草、灌木、梢头、枝丫等运出林地或窄带状顺山堆放(坡度≥25°，采取横山带状堆放)，堆带宽≤1.5m，堆高≤0.5m，带间距≥10m。

d) 适当保留天然更新的水曲柳、刺楸、黄波罗等珍优阔叶树幼苗(树)。

第 5 章

森林、林木采伐设计

按照上级林业主管部门要求，伐区作业设计必须由具有设计资质的县以上森林调查设计单位进行采伐作业设计。设计人员必须经过专业培训，并取得设计资格证，设计时必须是设计部门领导委派两人以上设计才有效。

5.1 森林经营方案编制

依法科学编制森林经营方案，依据森林经营方案核定年森林采伐限额，实施森林采伐限额分配、使用和管理，并对方案实施情况进行监督检查和科学评价。相关要求按 LY/T 2007—2012 森林经营方案编制与实施规范、LY/T 2008—2012 简明森林经营方案编制技术规程等相关规程(规定)执行。

5.1.1 森林经营方案编制的内容

自然社会经济状况，包括森林资源、环境限制因素、土地利用及所有权状况、社会经济条件、社会发展与主导需求、森林经营沿革等；

森林资源经营评价；

森林经营方针与经营目标；

森林功能区划、森林分类与经营类型；

森林培育和营林，包括种苗生产、更新造林、抚育间伐、林分改造等；

森林采伐和更新，包括年采伐面积、采伐量、采伐强度、出材量、采伐方式、伐区配置和更新作业等；

非木质资源经营；

森林健康和森林保护，包括林业有害生物防控、森林防火、林地生产力维护、森林集水区管理、生物多样性保护等；

野生动植物保护，特别是珍贵、稀有、濒危物种的保护；

森林经营基础设施建设与维护；

投资估算和效益分析；

森林经营的生态与社会影响评估；

方案实施的保障措施；

与森林经营活动有关的必要图表。

5.1.2 公示森林经营方案的主要内容

在信息许可的前提下，向当地社区或上一级行政区的利益方公告森林经营方案的主要内容，包括森林经营的范围和规模、主要的森林经营措施等信息。

5.1.3 适时修订森林经营方案

5.1.3.1 森林经营单位及时了解与森林经营相关的林业科技动态及政策信息。

5.1.3.2 根据森林资源的监测结果、最新科技动态及政策信息(包括与木材、非木质林产品和与森林服务有关的最新的市场和经济活动)，以及环境、社会和经济条件的变化，适时(不超过10年)修订森林经营方案。

5.2 森林经营作业设计

5.2.1 外业调查

5.2.1.1 作业小班区划

在二类调查区划小班的基础上，根据林分特点、立地条件和经营措施区划作业小班，标明四至，实测面积，面积误差不得超过 ±5%，对二类调查区划明显有误的小班，可以进行纠正。

5.2.1.2 调查方法

对森林主伐更新作业设计实行全林实测法，其他作业设计采用标准地调查法推算；林带采取抽取标准段或者标准行进行调查设计。其他因子的调查按 GB/T 26424—2010 森林资源规划设计调查技术规程等相关规程(规定)执行。

5.2.1.3 标准地的设置

a)在作业小班内，选择有代表性的地段设置方形或带状标准地，标准地面积不得小于作业小班面积的 2%，每块面积≥0.06hm^2。选择的标准地应避开较大的林间空地及林缘。

b)标准地境界测量使用罗盘仪测角，皮尺或测绳量距。在坡地上应改换成水平距。境界测量的闭合差不得超过 1/100。

5.2.1.4 标准地调查

a)调查因子的允许误差：株数、平均胸径、蓄积量为 ±5%(天然林 ±10%)，树种组成为 ±1%。

b)具体调查方法按 DB/2100B65001 标准地调查技术规则等相关技术规程(规定)执行。

5.2.2 内业设计

5.2.2.1 森林经营设计按《森林资源三类调查数据管理

信息系统》的《森林经营作业设计软件系统》执行。

5.2.2.2 采用不小于1/10000的比例尺绘制作业小班平面图，并求算面积，图面上要按国家标准图例注记，并标示出作业小班的地类、明显地物标志等，按要求进行绘制、复制。

5.2.2.3 根据森林经营技术要求，因林因地制宜地做出主伐更新、抚育采伐、低产林改造、更新采伐等作业设计，编写森林经营作业说明书。作业设计说明书要论述森林资源及其变化情况和设计林分的情况，说明作业的种类、方式、任务量和设计的采伐强度、作业前后主要林分因子变化(有条件的应附作业林分照片)、采伐量、材种出材量、更新方式、更新树种、各种作业时间及用工量、收支概算等。具体编制方法按相关规程(规定)要求执行。

5.3 采伐作业规定

5.3.1 严格按照批准的森林经营作业设计呈报书和森林采伐许可证进行施工。

5.3.2 择伐、渐伐、抚育采伐，在采伐作业前对采伐木画号标记。

5.3.3 采伐时防止抽心、劈裂和打拌子，伐根高度不得超过10cm；严格控制树倒方向，保护好幼苗幼树、母树和保留木。

5.3.4 合理造材，小头直径≥6cm且材长≥2cm的木材全部运出利用。

5.3.5 对于伐区的采伐剩余物可采取全部清除利用，对不能运出利用的采用摆趟或摆堆处理。

5.3.6 对于因病虫危害而抚育作业的林分，采伐后应将附带病虫害源的采伐剩余物清除林外，并集中进行处理。

5.3.7 对容易引起水土冲刷的集材道，要采取防护措施，并尽量选择在冬季作业(集材)。

5.3.8 要保护好各种标志、标桩和界线、河流、排灌沟渠等。

5.3.9 根据作业需求，在伐区面积较大、运输距离较长等情况下，可设置临时楞场、集材道、作业道等辅助设施；采伐生产的小径材可人力集材的，不再修筑集材道。

5.3.10 森林采伐作业施工中应安排专业技术人员负责技术指导和监督，发现问题及时纠正，保证安全生产和作业质量。

5.3.11 具体采伐要求按 LY/T 1646—2005 森林采伐作业规程相关内容及相关规定执行。

5.4 森林经营档案管理

森林经营单位应对审批文件、各种调查、设计、总结、图表、影像等资料进行汇总整理，及时归档。要在每年施工作业完成后，将本单位年度作业情况分别作业类型，按实际完成的面积、蓄积、木材产量等项目统计，逐级汇总上报省林业主管部门备案。

第 6 章

审批设计、发放林木采伐许可证

6.1 审批设计

6.1.1 审批设计的采伐蓄积不得超过县林业局下达该单位的年度采伐量计划。

6.1.2 作业设计审批，由县以上林业主管部门委派两人以上技术人员，对专业设计部门的设计文件，分别采伐类型进行审批。

6.2 发放林木采伐许可证

森林资源管理部门，依据各乡镇、村的森林资源生长量，分别采伐类型下达年度采伐量计划，各乡镇、村、民营林场编制的《森林可持续经营方案》，经过专家评审后，作为森林经理期森林经营指导性文件。森林资源管理部门，依据《森林可持续经营方案》或年度采伐量计划，核发林木采伐许可证。

6.2.1 领取集体、个人、民营林场的林木采伐许可证时，由乡镇林业站负责派专人持《领取林木采伐许可证通知单》办理。

6.2.2 国有林场的林木采伐许可证，凭经过林业主管部门设计和批准的伐区作业设计办理。

6.2.3 领取林木采伐许可证，必须依据县以上林业主管部门核发的林权证办理。

6.2.4 办理林木采伐许可证按《森林采伐管理信息系统软件》执行，定期做好发证数据备份；执行月报制度，及时为领导提供乡镇、国有林场和民营林场的采伐限额执行情况报表。

6.2.5 采伐作业设计交档案室存档备查。

6.2.6 森林资源管理部门年终对发证情况进行分别权属、采伐方式统计汇总，存档备查。

第 7 章

伐区采伐作业技术

7.1 伐区作业准备

林道、集材道、楞场、生活点的修建与维护，以及机械设备、伐区标示等准备工作，执行 LY/T 1646—2005 的 8 和 9.1 的规定。

7.2 林道维护

7.2.1 要结合经营区域内营造林、森林抚育和主伐更新的道路规划，有序开展涉及森林经营的林道建设活动。对迫切需要进行抚育活动的小班，优先安排相应的林道维护作业。

7.2.2 对有坑洼、堆土等的路面，宜通过填土、铲推等措施，保持路面的平坦。对易产生或已经塌方的路基或上坡方向的侧坡，宜通过石料砌边、挖排水边沟等措施，保持路基或路面侧坡的稳定。

7.2.3 维护和完善林道上的各类交通安全设施，如视线诱导标、防护栏、路标等。已废弃的林道，宜进行封闭或进行造林。对长时间内将不再使用的林道，宜进行封闭。

7.3 林木采伐

林木采伐包括伐木、打枝、造材、集材、归楞、检尺、装车、清场。

7.3.1 采伐时间

采伐时间应该避开植物的生长季节，尤其是夏季，应该在林木停止生长期间的10月末至翌年的3月末进行；其他季节采伐时尽量减少对地表植被和生态环境的破坏。

7.3.2 伐木前准备

7.3.2.1 伐前公示

建立伐前公示制度，在伐区设立公示牌，明确公示林业主管部门核发的林木采伐许可证、采伐森林的单位、采伐期限等内容。

7.3.2.2 边界与采伐木标志

找到设计的标桩和伐开线，确认伐区边界，核对采伐木、保留木标志(挂号)情况。

7.3.2.3 伐木顺序和树倒方向

查看集材道，根据集材要求，确定并标记伐木顺序和作业小班的树倒方向。严格控制树倒方向，最好与集材方向成斜角(30°~45°)。

7.3.2.4 选定树倒方向

根据被伐木树冠形状和风力等因素，判断树木的自然倒向，注意查看周围是否有挂枝、枯枝和其他危险因素，正确选定树木的倒向(图7-1)。

7.3.2.5 伐除“迎门树”

清除被伐木周围1~2m以内的藤条、灌木和攀缘植物等

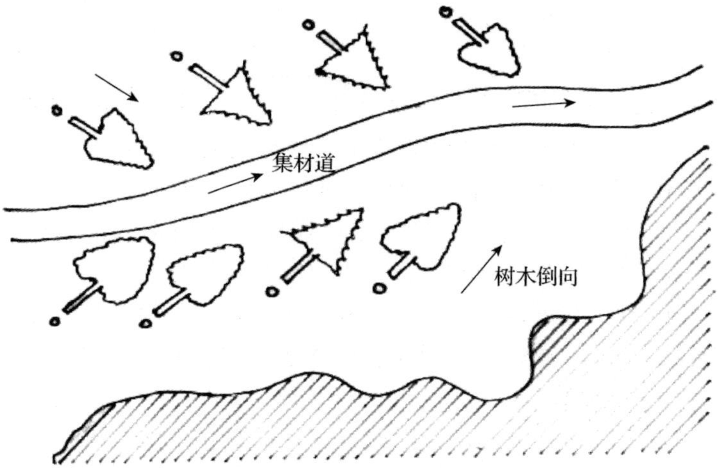

树木倒向与集材方向成45°

图 7-1 树倒方向

障碍物，冬季作业还应清除或踏实树根部的积雪。

7.3.2.6 开安全通道

在树倒方向的反向左右两侧(或一侧)按一定角度(30°～45°)开出长≥3m、宽≥1m 的安全道，并清除安全通道上的障碍物，铲除或踏实积雪。

7.3.3 伐木

7.3.3.1 伐木操作

a)施工前要完成辅助工程设施及生产与生活资料的准备，搞好劳动组织，并在现场统一操作方法。

b)伐木必须按工艺流程顺序进行，为更新造林和木材生产的下道工序创造条件。

c)控制树倒方向，减少对保留林木和更新幼苗幼树的伤害；防止采伐木折断，减少搭挂和砸伤邻近的立木或倒木，损伤幼苗幼树和保留木。

d)先标号后采伐，由设计技术人员对采伐木进行双标号

(也称采伐号树)，即胸号和地号，然后由施工人员按标号采伐。

e)减少木材损失，应避免使树倒向伐根、立木、倒木、岩石、陡坎或凸凹不平的地段上，伐桩高度不得超过5cm。

f)按照由山下向山上的顺序进行采伐作业。

g)伐木时应先锯下口，下口深度应为树木根部直径的1/4～1/3或抽片；后锯上口，上口应留弦挂耳。

h)上口与下口的锯口应在同一水平面上，留弦厚度随树木径级大小而增减，以树木能够倒地为限，但留弦厚度不应小于直径的10%(图7-2)。

i)伐树时应具备伐木楔或支杆等必要的辅助工具，并掌握其正确使用方法。不应使用铁制伐木楔，不应用树推树连倒砸树的方法伐木。

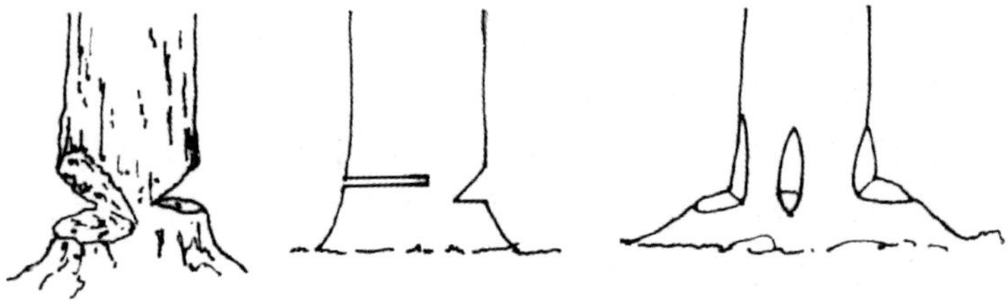

图7-2　几种锯口方法

7.3.3.2　采伐技术

a)适当保留一些阔叶树和珍贵树种、一些站杆和倒木，以改善森林环境和提高土壤肥力，保持物种的多样性，增加林分的稳定性。

b)对郁闭度0.5～0.6的林分，仅需割去部分藤条、灌木和伐除生长不良的树木和非目的树种，保留林内的幼苗和幼树，在空地处人工栽植耐阴树种的幼树，诱导针阔混交林。

c)通过散铺采伐剩余物的方法，用它运输原木以尽可能减少矿质土壤裸露。

d)采伐湿地森林应采用合适设备和方法以对水质的影响降至最低，如高浮力、轻便的采伐设备。集中集材道，利用采伐剩余物、垫板或其他技术减小对土壤的压实和压出车辙。

e)采伐应保留目的树种、有培育前途的中小径木。林下或林中空地补植耐阴树种，保留有生态价值的活立木和枯立木，如有鸟巢和猛禽栖息的林木。

7.3.3.3 安全要求

a)确认伐区内无其他作业人员后方可伐木。

b)伐木时应喊山，并喊出树倒方向，树木叫楂并开始倾倒时，伐木工人停止锯切，看一下助手是否站在安全位置，并注意观察树冠走向，有无滚楂、反楂、枝丫反弹危险，同时移开油锯迅速沿安全方向退到安全地点，树木倒地时注意观察树干根断动向。

c)使用油锯时，伐木工人应配备助手作业。伐木时，伐木工人和助手不应在同一棵树上同时锯上口和砍下口。

d)使用油锯时的要求：

◆油锯应处于良好技术状态，并按规定对油锯进行保养和维修。

◆添加燃料后，应擦净油锯表面油渍，油锯启动应在距离加油点 3m 以外的地方进行。

◆启动油锯时，锯链不应与地面、石块、枝丫或藤条等物体接触，导板附近不应有人。

◆携带油锯短距离转移时，发动机可怠速运转，但离合器应分离彻底，并应防止身体与锯链和排气管接触。转移距离较远时，发动机应熄火，并卸掉锯链或加防护套。

◆不应在发动机启动的情况下添加燃料和检查、修理、挂卸锯链。

e)用弯把锯伐木时，伐木工人应单膝跪地操作，不应坐在地上伐木。

f)采伐病腐木、枯立木等危险树木之前，应仔细观察，确无折断或枝丫坠落危险时，再进行作业。

g)树木搭挂时，应由现场安全人员指挥并及时进行处理，不应私自摘挂或把搭挂树遗留在伐区。

h)用人力摘挂时，应采取可靠的安全措施，不应上树摘挂和进入搭挂树周围危险区作业。

i)不应采取伐倒支撑树或树砸树的方法处理树木搭挂。

j)树木坐殿时，伐木工人不应私自离开，应及时采取措施使其倒地，不应把坐殿树遗留在伐区。

7.4 打枝与造材

7.4.1 打枝操作

7.4.1.1 将伐倒木的全部枝丫从根部开始向梢头依次打枝至梢头直径6cm处。

7.4.1.2 应紧贴树干表面砍(锯)掉枝丫，不应留楂和深陷、劈裂。原条集材时，在去掉梢头30～40cm处留1～2cm高，1～2个枝丫楂，便于捆绑。

7.4.2 安全要求

7.4.2.1 打枝时，应将腿、脚闪开，应站在伐倒木一侧打另一侧的枝丫。

7.4.2.2 不应两人或多人同时在一棵伐倒木上进行打枝作业，对局部悬空的或者成堆的伐倒木，应采取措施，使其落地后再进行打枝作业。

7.4.2.3 处理被树干压弯的枝丫时，应站在弓弦的侧面锯砍弓弦。

7.4.2.4 对支撑于地面的较大枝丫，应在造材后打掉。对横山伐倒木打枝或进行清理时，应站在山上一侧。

7.4.2.5 打枝人员、清林人员作业时，二者距离应保持5m 以上。

7.4.3 造材

7.4.3.1 造材原则

a)量尺造材。根据质量和测量的要求，充分利用原条全部长度，提高造材率。

b)材尽其用。优材优造、劣材优造。应先造特殊材，后造一般材；先造长材，后造短材；先造优材，后造劣材(优材不劣造，坏材不带好材)，提高经济材出材率。

c)需求原则。在符合国家木材标准的前提下，按用材部门提出的要求进行造材。

7.4.3.2 操作

造材工人应严格按量材员的画线标记下锯，不应躲包让节。下锯造材时锯板应端正，并与原条轴线相垂直，防止锯口偏斜。不应锯伤邻木，不应出劈裂材。

7.4.3.3 安全要求

a)造材前，应清除妨碍作业的灌木、枝丫等障碍物，并认真检查原条有无滚落危险。对锯断有滚落危险的，应先掩牢后造材。造材时，造材工人应站在上坡方向，下方不应有人作业或停留。

b)通常情况，第一锯在受压区，第二锯在受拉区悬空部位。对悬空木和弯曲的伐倒木造材，应从曲向的内侧开始造材。造材时，造材工人不应将腿、脚伸到原条下面。

c)不应两人在同一根原条上造材，不应站在正在横据的木材的树干上。

d)避免使用油锯的顶端。

e)适当使用木楔、塑料楔等。

7.5 集材

集材的方法，包括索道集材、拖拉机集材、畜力集材、人力集材、滑道集材。应尽量采用畜力集材，成本低，对林地破坏最小，尤其是对土壤破坏较小，安全；为保持水土，应尽量减少集材道数量，且限制沿顺坡方向集材，禁止拖拉机下集材道集材；集材时间应选择在土壤封冻的 11 月至翌年 4 月。

7.5.1 畜力集材

7.5.1.1 作业要求

a)引导牲畜的工人应走在牲畜的侧面或后方。

b)集材道上的丛生植物和障碍应及时清除。

c)木材前端与牲畜之间至少应保持 1.5m 的安全距离。

d)集材道的最大顺坡不超过 16°，其坡长不超过 20m；重载逆坡不大于 12°，其坡长不超过 50m。

7.5.1.2 安全要求

a)不应人、料混装。

b)集材牲畜不能带病作业。

c)带上草料，注意卫生和休息。

7.5.2 人力集材

7.5.2.1 作业要求

a)在搬运时应选择坡度适宜的地带，选择小径木搬运，尽可能减少搬运重量。

b)应尽可能利用吊钩、撬棍、绳索，避免手、足直接接触。

c)几个人共同作业时，应有人指挥步调一致。

7.5.2.2 安全要求

a)集材工人应配备劳动保护用品方可上山作业，如鞋帽、手套等。

b)木材滚滑时，工人应站在上坡方向，下方不应站人。

7.5.3 滑道集材

7.5.3.1 作业要求

a)滑道线应尽量顺直，少设平曲线，拐弯处沟槽应按材长相应加宽。

b)滑道最好不应刨地而成，可以筑棱成槽，以免破坏地表。

c)完成集材任务后，滑道应及时拆除，恢复林地原貌。

d)滑道可以做成木底、冰低，或塑料、钢轨底，以免损伤地表。

e)随时掌握木材的停留点，及时收料归拢。

7.5.3.2 安全要求

a)滑道集材工人应事先培训，掌握安全生产要领，配备必要的劳动防护用品。

b)滑道集材，木材滑行冲击力大，严禁下方站人。

c)生产工人应配备简单的通讯工具。

7.6 归楞

7.6.1 归楞方式

伐区归楞方式按使用动力不同，分为人力归楞和机械归楞两种。

7.6.1.1 人力归楞

a)人力归楞在下列情况下进行：

◆中小径材的归楞；

◆材质较轻木材的归楞；

◆分散小楞场木材的归楞。

b)采用人力归楞作业的楞场，对从业人员应设立安全保障措施，雨天或雨后地面泥泞、木材表面湿滑的情况下应停止作业。

7.6.1.2　机械归楞

分拖拽式和提升式两种，均可与装车联合作业。下列情况采用机械归楞：

◆楞场存量大；

◆木材径级大、木质重；

◆集材作业时间集中。

7.6.2　归楞要求

7.6.2.1　楞高

人力归楞以1~2m为宜，机械归楞可达5m。

7.6.2.2　楞间距

以1~1.5m为宜，楞堆间不应放置木材或其他障碍物。在楞场内每隔150m留出一条10m宽度的防火带(道)。

7.6.2.3　楞头排列

应与运材的要求和储木场楞头排列次序密切结合。通常排列顺序为“长材在前、短材在后，重材在前、轻材在后”。

7.6.2.4　垫楞腿

a)每个楞底均应垫上楞腿，伐区楞场楞腿可以采用原木，原木的最小直径应在20cm以上，并与该楞堆材种、规格相同，以便于装车赶楞，避免混楞装车。

b)储木场楞腿可采取水泥制品代替原木，延长楞腿的使用寿命。

7.6.2.5　分级归楞

a)分级归楞标准，应根据国家和地方木材标准以及各单位的生产要求而定，即按直接使用原木的树种、材种、规格与等级的不同进行归楞。

b)每日集到楞场的木材，应及时归楞，为集材和造材作业创造条件。

7.6.3 楞堆结构

其类型主要分为格楞、层楞和实楞。

7.6.4 安全要求

7.6.4.1 各楞堆人员应严格按照有关操作规程进行，捆木工、归楞工和绞盘司机应按规定信号进行作业。绞盘司机确认信号后，方准起、落木材。

7.6.4.2 归楞工带木材落稳，无滚动危险后，方可摘解锁带。发出提钩信号时，应站在安全地点。木材调头时，捆木工应站在木材两端，用工具牵引，不应用手推或肩靠，不应站在起吊木材下方操作。

7.6.4.3 归到楞垛上的木材应稳牢，归楞工进行拨正操作时，其他人员应站到安全地点。

7.6.5 原木检尺与分级

7.6.5.1 原木检尺

7.6.5.1.1 原木长级

a)直接使用原木：长级规定为不超过 5m 的，按 0.2m 进级，不足者舍去；超过 5m 的，按 0.5m 进级，不足者舍去；长级的公差为：直接使用原木，材长不超过 5m 的，允许公差为 ±3cm；材长超过 5m 的，允许公差为 ±10cm。

b)加工用原木：长级规定按 0.2m 进级，不足者舍去。长级的公差为：加工用原木，材长不超过 2.5m 的，允许公差为 ±3cm；材长超过 2.5m 的，允许公差为 ±6cm。

c)加工用原木的后备长度由省根据运输条件自行规定。

7.6.5.1.2　原木长级量测

a)如果原木的端面偏斜，则原木的实际长度以最小长度为准。

b)原木端部有斧口砍痕时，如果减去斧口砍痕量得的断面短径不小于检尺径时，材长仍自端头量起；如小于检尺径，材长应扣除小于检尺径部分的长度。

c)对弯曲原木，材长以其直线距离为准。

d)原木端头有水眼，应扣除水眼至端头的长度。

7.6.5.1.3　原木径级量测

按规定，原木直径按2cm进级，不足1cm舍去，满1cm的进级；椽材和交手杆按1cm进级，不足0.5cm舍去，满0.5cm的进级。

a)按原木小头断面中心量测最短直径，经进舍后的尺寸。

b)检尺时尺杆要与树干轴线垂直，不得沿截面偏斜方向检量。

c)量取的直径不包括树皮的厚度。

d)对特殊形状原木的检量方法，按GB/T 144—2013执行。

7.6.5.2　原木分级

决定原木等级的主要因子是木材缺陷的数量、分布与发展程度。加工原木分为一、二、三等，其他不分等，按木材产品标准执行。

7.7　清场

7.7.1　采伐迹地清理

7.7.1.1　根据迹地的林况、地况、采伐方式等条件，一般宜在采完一定面积后进行清理。

7.7.1.2 将风倒木及该集未集的采伐木运出迹地，保留利用价值不大的倒木，有经济、利用价值的藤条、灌木应予以保留。

7.7.1.3 将伐木造材作业中的剩余物，如枝丫、梢木、截头等按要求集中归成一定规格小堆，堆积枝丫时宜避开小河、小溪径流。

7.7.1.4 在水土容易流失的迹地宜横向堆放被清理物。

7.7.1.5 长度 2m、小头直径 6cm 以上的木材必须全部运出利用。

7.7.1.6 采用堆腐、带腐、散铺、不清、火烧(病虫害严重的采伐迹地采用火烧法，其余迹地均不应使用)等方法维护林内生物多样性。

7.7.1.7 天然更新的迹地可不进行清理。

7.7.2 其他场地清理

7.7.2.1 楞场和装车场

7.7.2.1.1 拆除楞脚、架杆、支柱和爬杆以及生活区的临时建筑等设施，平整场地掩埋可降解的剩余物。

7.7.2.1.2 移走非生物降解材料或对环境易引起污染的废弃物。

7.7.2.1.3 填平被严重拖压的路面。

7.7.2.2 临时性生活区

7.7.2.2.1 深埋临时性生活区的垃圾，压实所填平的坑洼。

7.7.2.2.2 所有可能积水的地方应排干，积水不能直接排入水域。

7.7.2.2.3 清理所有临时性生活区的建筑和机械设备，拆除时应彻底清除或埋藏可降解的剩余杂物，移走容易引起火灾的油料、燃料、各种废弃物。

7.7.2.2.4　受油料玷污的大片地面应挖埋，保持撤离后的地区干净、整洁。

7.7.2.3　集材道和水道

7.7.2.3.1　采伐工作结束后应及时填平被严重拖压的路面。

7.7.2.3.2　填平集材道时宜从道面两侧取土。

7.7.2.3.3　在坡度 >15°的地区宜挖羽状排水沟或修筑简易挡水坝。

7.7.2.3.4　在凹形变坡点或山脚下宜修排水设施清除积水。

7.7.2.3.5　简易挡水坝和排水沟的间距宜随坡度、雨量的增加而减小。

7.7.2.3.6　选择适当的更新方式尽快恢复森林植被。

7.7.2.3.7　清除水道内采伐剩余物及所有对下游有污染的废弃物。

7.7.2.3.8　加固水道两坡壁，水道两侧 10m 之内不能有油桶或燃料桶。

第 8 章

伐区采伐与验收管理

伐区作业质量检查管理工作由辖区国有林场或林业工作站负责，当地森林资源管理部门应派出伐区监理，在现地监督检查森林采伐的执行情况并指导采伐作业。伐区监理对发现违规作业行为，有权作出限期补救提示，并处以罚款、警告和暂停采伐作业处理。

8.1 伐区采伐管理

8.1.1 集体林采伐管理

8.1.1.1 集体、个人、民营林场开始采伐时，由属地的乡镇林业站指派管护员为伐区监理，负责伐区采伐的监督指导和服务工作。同时负责确认采伐证、设计与林权证是否一致，确认采伐的范围和四至界线。

8.1.1.2 采伐要分阶段进行，当采伐完成70%时，采取“采一采、停一停、算一算”的方法，随时发现问题随时纠正，避免出现超界、超蓄积量、超强度采伐现象。

8.1.1.3 乡镇集体、个人、民营林场的林木采伐结束后，各乡镇林业站要对施工作业情况进行检查验收。

8.1.2 国有林场伐区管理

8.1.2.1 国有林场开始采伐时，要指派管护员为伐区监理，负责伐区采伐的监督指导和服务工作。同时负责确认采伐证、设计与林权证是否一致，确认采伐的范围和四至界线。

8.1.2.2　采伐要分阶段进行，当采伐完成70%时，采取“采一采、停一停、算一算”的方法，随时发现问题随时纠正，避免出现超界、超蓄积量、超强度采伐现象。

8.1.2.3　国有林场的伐区采伐结束后，要组织对施工作业情况进行检查验收。

8.2　伐区检查验收

8.2.1　检查验收小组和检查验收时间

检查小组由森林资源管理部门或乡镇政府负责组织，成员包括资源员、伐区监理、林权所有者、采伐单位代表。检查验收时间应在采伐作业结束后立即进行。

8.2.2　检查程序

a）采伐作业单位应在完成伐区采伐作业后3天内向林业森林资源管理部门提出验收申请，森林资源管理部门接到申请后，检查小组应及时到现场进行检查验收。

b）检查验收小组应按作业设计小班进行实地核实。

c）林分因子采用机械抽样方法，图上布点（带），现地核实，实测样地（标准地）的面积不应低于作业面积的3%，最小实测样地面积不应小于0.02hm^2，实测样地（标准地）的数量在3块以上，且均匀分布在小班内。

d）检查验收发现的所有没有按照本规程进行作业的伐区都应向采伐单位代表说明。

e）检查结束后，应由采伐单位代表签署检查验收报告单。

8.2.3 检查验收标准

伐后验收标准采取百分制，总分达到 85% 为合格，其中改变采伐方式和越界采伐为否定因子，满足其一即判定为不合格伐区。

8.2.4 伐区更新验收

伐区更新验收在更新完成后进行，由当地森林资源管理部门负责验收，经检查验收不合格，由采伐单位继续补植造林，补栽后 3 年进行复查。上级林业主管部门抽查更新地块 10% 以上。

8.2.5 填写伐区验收报告单、打号印

a）验收结果填写《作业验收报告单》，一式两份，报县林业局主管部门存档备案。

b）对验收合格木材，在木材小头打上县林业局统一制作的检印号锤，可以销售运输。

8.3 采伐验收合格证的发放

8.3.1 经检查验收合格的伐区，由当地县以上林业主管部门发放采伐验收合格证。因伐区清理、环境影响和资源利用造成不合格的，发放整改通知书，限期改正，直到合格时方能发证。因越界采伐、超林木采伐许可证采伐造成不合格的，由当地林业主管部门按相关法律的规定处理，不发采伐验收合格证。

8.3.2 采伐验收合格证样式由省级以上林业主管部门统一制订。

第 9 章

非木质资源开发利用

9.1　利用原则

9.1.1　商品林在不造成水土流失，保证树木正常生长的前提下，对林地进行合理开发利用。

9.1.2　一级国家级公益林禁止开发利用；在不造成水土流失，保证森林生态功能的前提下，允许对二级国家级公益林进行有限制的开发利用；其他公益林可以进行合理开发利用。

9.2　组织实施

9.2.1　森林经营单位利用森林资源调查或其变档资料，科学编制《林地综合开发利用规划》。

9.2.2　依据《林地综合开发利用规划》编制《林地经济发展项目实施方案》，组织开展生产经营活动。

9.3　利用条件

9.3.1　一级国家级公益林或坡度 $>35°$ 的林地实行封禁管护，禁止林地开发利用活动。

9.3.2 二级国家级公益林或坡度26°~35°的林地，只允许开展仿自然式的林地经济发展项目。

9.3.3 其他公益林或坡度16°~25°的商品林地，可开展非耕作性质的生产经营活动，因地制宜地选择林地经济项目。

9.3.4 坡度6°~15°的商品林地，可适度开展耕作性质的生产经营活动，并采取有效的措施防止水土流失。

9.3.5 坡度≤5°的商品林地内，可根据发展林地经济的实际需要，开展耕作性质的生产经营活动。

9.3.6 经济林林地开发与利用按照各自的经营要求进行正常栽种、培育、管理等活动，林地兼作期限及品种不受限制。

9.3.7 划入公益林中的经济林在当前经营期内允许按照各自的经营要求进行正常栽种、培育、管理等活动，林地间作与利用采取非垦复式作业方式。

9.4 开发利用技术

9.4.1 林地种植经济植物因林分郁闭度过大影响林下植物生长时，可优先安排抚育采伐作业，伐后郁闭度≥0.5。

9.4.2 对上层木郁闭度0.6以上，林内规划进行林地经济开发的，可进行卫生伐，伐除胸径<5cm的非目的树种、灌木，也可通过修枝降低郁闭度。

9.4.3 林地开发利用采取耕作或起床作业的面积控制≤$3hm^2$，耕作面不超过15m×1.5m，上下床之间保留林下原有植被隔离带2m以上，每隔10床顺山保留5m宽以上隔离带。沟谷(溪流)、山脊与垦殖区之间保留20m以上的原有植被区。

9.4.4 在小流域内进行林蛙等养殖，孵化池、越冬池面积不得超过沟谷总面积的5%。

9.5 复合经营模式

适用于在新植林地造林(更新)或林分郁闭度 <0.5 的林下栽植，立体复合经营模式主要有林菜、林药、林果、林蛙、林菌等类型。通过采取立体复合经营模式，提高新植林地经营者收入，实现长期效益与短期效益、生态效益与经济效益双赢，解决农村富余劳动力资源，提高新植林地的生产率和经济效益。经过多年的探索和实践，总结出以下几种复合经营模式。

9.5.1 林—药模式

主要以林下参为主的林地中药材产业，主要品种有林下参、刺五加、细辛、地龙骨、龙胆草、玉竹等10余个品种。

林药型的特点主要采取人工种植，使其自然生长于林下，经过若干年后能完全体现符合野生中药材的特征和药性。因为中药材种植品种较多，而所需培育技术也有所不同，下面简单介绍林下参的种植技术。

9.5.1.1 选地

培育林下参，林地的选择关系林下参发展的成败，因此，这项工作非常重要，一定要按照野山参的生态环境标准来选择林地。林地最好选择坡向为东、东北或西北，坡度10°~30°，土质上层腐殖质层厚5~10cm，底层为黄土、黄砂土或黑砂土，排水良好，周围环山的漫岗。林龄在20年以上，植株稀疏，树冠高大，树种以椴树、白桦、柞树、胡桃楸、色木、山榆等阔叶林或针阔混交林为宜(立地条件特别好的针叶林也可以)，郁闭度最好是0.5~0.8。林下最好有稀疏榛子、胡枝子、五味子等灌木和林中蒿、宽叶苔草、野豌豆等草本植物，构成双层遮阴。并且要求土壤有丰富的有机质，肥沃疏松，不渍水，土壤温度适宜，蓄水透光性良好，空气湿度为40%~80%，土壤湿度40%~50%为宜。

9.5.1.2 整地

林地选好后，在9月至10月上旬播种之前进行林地清理。清理时首先割掉不需要的灌木及杂草，并清出林内或放在沟坳等空闲地段，如果林内坡面很宽，也可以顺山或横山将灌木和杂草摆放成“龙”。但“龙”和“龙”之间的距离不应小于40m。清完灌木杂草后，播种前2~3天搂场子。搂场子时需将未烂的大树枝和树叶搂走，然后再进行第二次搂半烂树叶，搂完的场地应以半烂的树叶较均匀地覆盖地表，且不影响林下参种子播种为宜。

9.5.1.3 选种

培育林下参最好选择长脖类型的人参品种，如竹节芦、线芦、草芦和圆膀圆芦，其中尤以圆膀圆芦为最佳。长脖类的人参品种不但抗病力强，生长周期长，而且参形美观，价格高。但目前由于纯种长脖类的人参种子很少，并且价格非常高，每千克达到1000~1600元，种子采收后不便于与其他类的人参种子区分，因此，清原地区发展的林下参以二马牙种为主，混杂大马牙和长脖类的，尚未有纯种类的林下参。将来可以定向发展育种长脖类人参，以适应林下参在清原地区大面积发展的需要。

9.5.1.4 播种

把经处理裂口的人参种子，在春季4月上旬或秋季10月中下旬至结冻前进行播种。以秋播为好，夏播不理想。一般采取穴播，即按20cm×20cm的穴行距开穴播种，开穴深度5~6cm，每穴播种3~5粒，种上覆土4cm左右，覆土厚度根据坡度、坡向、土质等灵活掌握。秋季播种可覆土后踩一下，以免漏风。除穴播外，也可以开沟条播，这要根据土壤条件来确定。播种时最好选择秋季树木将要落叶时，播种后落叶恰好覆盖在播种地面上，以利保持土壤湿润。

9.5.1.5 管护

林下参一般无须更多的人工管理，但为了林下参保苗率高、不丢失、长得快，所以需要封山管护，防止人为破坏。还要调整适宜的透光度，随着林下参的增长，所需光照强度的增加，在冬季或早春进行透光抚育，伐除林内透光度小的地段上的小灌木及杂草，保持适宜林下参生长的相对稳定的透光度。其次要防止病虫害的发生，主要以防治锈病和鼠害为主。

9.5.1.6 采收季节与采挖方法

林下参的采收季节为 8 月下旬至 9 月上旬，参叶变黄，越冬芽长大前，林下参生长年限越长价格越高。目前，7 年生左右的林下参就有人收购，但最好是 15 年以上采收为宜。林下参生长较慢，10 ~ 20 年生的林下参能长到 5 ~ 20g，50 ~ 60 年生的可长到 20 ~ 40g。生长缓慢主要是由于林下冷凉环境所致。目前出售的林下参要求每支重至少 10g 以上。起参时要单株进行采挖，采大留小。具体方法是：选准采挖的林下参后，先将附近的杂草枯枝落叶清理干净。开挖时，应先顺参茎向下和四周轻轻分土，根据人参平卧式生长的特点，找出主体方向，按人参大小(几品叶)决定开挖范围的大小。一般要深挖 30 ~ 40cm，从人参根底部掏空，如有树根、石块等障碍物，要小心排除后，轻轻抖动上面的泥土，随抖随将落到底部的泥土清除，直到人参主体露出，再用鹿骨簪或竹扦慢慢地剔除人参根须间的泥土，便可挖出一棵完整无损的林下参。另外，在起挖时还要注意四周有没有睡觉参(没出土的趴山参)，如发现趴山参，要保留住枯倒茎，以便于起挖，并要注意填平挖参坑，保护好幼小参苗。林下参挖出后，要及时保鲜储运，以免风干或腐烂。

9.5.1.7 效益估算

林下参种植15年后即可出售，15年每亩* 林下参投资0.5万元，以每亩产林下参2kg、每千克2万元计算，每亩收入4万元，效益非常可观。近年来，已有多人在此项产业上获得丰厚利润，如夏家堡镇8亩林下参卖出80万元的价格；南山城镇80亩林下参以120万元价格被人收购。清原县以林下参为主的中药材产业已形成规模，全县林地中药材产值达到10.16亿元。

9.5.2 林—菜模式

清原县利用林地资源，栽种刺嫩芽、大叶芹、猫爪子、猴腿蹄盖蕨等山野菜面积达到12万亩，其中山上管护和归圃面积8.5万亩，年产量9200t，产值2.76亿元。由于清原县是典型的山区县，具有“八山一水，半分田，半分道路和庄园”的特殊地理环境，所以主要利用以林间空地及沟、洼等地，选择适合生长的山野菜品种进行栽植或播种，以充分发挥林地资源优势，大力发展自营经济。适宜的气候条件和丰富的林地资源，为清原县山野菜的生长提供了得天独厚的条件。山野菜资源，分布广、储量大的主要有刺嫩芽、猴腿蹄盖蕨、大叶芹等。清原县山野菜的发展主要以人工播种和山上归圃为主。山上归圃是在山上自然生长的山野菜面积较大，人工看护管理，防治掠夺性采摘。由于植物的生长习性不同，要求的环境因子也各有不同，所以栽植时要根据各品种的不同要求因地适宜地选择地块。

9.5.2.1 刺嫩芽(*Aralia elata*)栽植

刺嫩芽，别名刺老芽、刺龙芽、辽东楤木、龙芽楤木、鹊不踏等。属多年生落叶小乔木。喜生长在沟谷、阳坡、土

* 1亩 = 1/15hm^2

壤肥沃、潮湿或半阴的杂木林、阔叶林、混交林、次生林中或生长在林缘、灌木林、沟边等地。刺嫩芽栽培技术环节有选择苗木、选择栽培地点、栽植方法和抚育管理等。

9.5.2.1.1　选苗

选择刺嫩芽苗木要选择苗高5～30cm，地径0.6cm以上，根长10cm以上，根部无腐烂病的1年生实生苗或根蘖苗，也可收集1～2年生野生苗。

9.5.2.1.2　选地

栽培地点宜选择半阳的山坡地，其次为阳坡地，坡度5°～20°，土层厚度15～40cm均可，也可选择同样立地条件的红松、樟子松、落叶松、云冷杉等未郁闭的幼林地栽植刺嫩芽，实施“林菜间作”，发展立体林业，提高林地的综合效益。栽植地点不能选择背阴坡和低洼沟谷水湿地，在该立地条件下刺嫩芽生长极慢，甚至不能成活。

9.5.2.1.3　整地

栽植刺嫩芽最好提前一年整地，先全面割除灌木和杂草，然后按1m×1m的株行距进行穴状整地，整地规格：坑盘40cm×40cm，坑深30cm。

9.5.2.1.4　栽植

栽植时间一般在春季4月中、下旬，刨坑时要捡出树根、草根、石块等。栽苗时做到不窝根，要用地表土回填苗木的根部，踩实后再覆一层松土。定植后，要连续进行2年抚育管理，每年2次，清除灌木和杂草，每年的第一次抚育在7月上旬，第二次抚育在8月下旬。刺嫩芽根蘖能力极强，栽植后的第二年可在植穴的四周距主干50～60cm处，用铁锹等工具进行断根，促进根蘖，使其达到根繁叶茂的目的。

9.5.2.1.5　效益估算

栽培刺嫩芽是投资少、见效快的项目。春季采收，平均每亩可采集刺嫩芽鲜品15kg，每千克售价4元，每亩毛收入

60 元，成本费用 10 元，可获得纯利润 50 元。冬季采集刺嫩芽枝条在温室内用水培方法生产刺嫩芽鲜品，每千克售价高达 30 元，可连续采收 10 天左右。

9.5.2.2　猫爪子(*Thalictrum squarrosum*)栽培

猫爪子，又称猫爪菜、展枝唐松草。属于毛莨科，多年生草本植物，无毛。茎高 60 ~ 150cm。叶片 3 ~ 4 回三出复叶；小叶草质，倒卵形或近圆形，长 1.5 ~ 2.5cm，宽 1.2 ~ 3cm，3 浅裂，浅裂片全缘或具疏粗齿，脉微隆起。复单歧聚伞花序房状，具多数分枝；花直径约 1cm；萼片白色或带紫色，宽椭圆形，长 3 ~ 3.5mm；无花瓣；雄蕊多数，长 6 ~ 9mm，花丝上部倒披针形；心皮 6 ~ 8，子房具长柄，花柱短。瘦果倒卵形，不计柄长 4 ~ 8mm，具 3 ~ 4 条翅，基部突变狭成为长3 ~ 7mm 的细柄。

猫爪子是清原地区独具特色的山野菜品种之一。多生于山坡林缘、疏林下和灌丛中。繁殖方式主要有种子繁殖和根蘖繁殖。

9.5.2.2.1　选地

猫爪子种子采收期为 9 月上旬至 10 月上旬。种子成熟后极易脱落，应随熟随采。采收时，将结有种子的花枝一同采下，放入布袋中，晾干后用木条轻轻敲打，种子落下，清除杂质，置于通风干燥处贮藏。猫爪子喜肥沃高岗地块，忌低洼积水。育苗地应选择土质肥沃、疏松、排水良好且光照、通风条件较好的地块。作床前，先在地表铺设农家肥 1700 ~ 2000kg/亩，再深翻，使肥土充分混合。床宽 1.2 ~ 1.5m，床高 8 ~ 15cm，做细床土，整平床面。

9.5.2.2.2　播种

播种宜在 4 月中旬进行。种子不需处理。猫爪子播种最好实行条播并横床播种，即横床开深 2cm、宽 10cm 沟，行距 20cm，将种子均匀撒入，踩格子，用脚覆土 1cm 厚，再上覆盖率60%的覆盖物。条播每亩用种量为2kg。撒播也可，但不便于苗期管理，故使用较少。

9.5.2.2.3　管理

播种后，一般情况下需要20～30天苗可出齐。苗期管理主要有三个方面，一是水的管理。出苗前，床面要经常保持湿润，出苗后以土壤不干旱为基准，浇水时要小水勤浇，切不可大水漫灌。二是肥的管理。在幼苗长出2～3片真叶和幼苗长出5～6cm高时，分别进行一次人畜粪水的床面追肥。三是除草。基本原则是见草就拔，必要时也可采用适当的药剂除草，即在苗未出前，可用农达除草，出苗后，可用拿捕净除去禾本科杂草，其他杂草由人工拔除。

采挖野生猫爪子根茎作繁殖材料，归圃管理，繁育种苗。采挖野生猫爪子根茎的最佳时机为早春或中秋季节，随挖随栽。归圃栽植的地块选择、整地作床、栽培方式、苗期管理均同于种子繁殖。

苗田地培育的种苗，在当年的晚秋或翌年早春均可移栽。移植到山地以穴栽植为主，株行距10cm×10cm，每亩用苗量为5000株，底肥量每亩2000kg。移栽定植后的管理同育苗管理。在肥水使用上要根据土质、地力、苗情的状况，适当掌握。如在晚秋移栽定植，栽后封冻前，要浇一次封冻水或者覆盖物做防寒处理。猫爪子病害轻微，一般不需防治。当年定植的幼苗，幼茎瘦小，不宜采收，第二年即可采收。采收时，最好用刀具沿地表上端2～3cm处割下，自食或出售。每亩产量200kg左右，以现在市场价格每千克6元计算，每亩收入1200元。山野菜的开发已成为清原县农民增收致富的主要途径。

9.5.3　林—果模式

发展以红松、核桃、榛子等为主的坚果经济林，如红松、胡桃楸、野生榛子垦复、大果榛子；以红南果梨为主的浆果经济林，如梨、苹果、葡萄等。培育果材兼用林是一项长、中、短结合的项目，短期内可获得果仁，远期可获得木材收益。

9.5.3.1 红松果材林培育

红松果材兼用林在清原县主要以采伐迹地更新和林冠下栽植为主，最大幅度地提高林地利用率。选择适宜的立地条件，利用林间空地进行栽植，根据林分郁闭度自行选择株行距。

果材兼用林建设项目作为一项富民工程，可以有效发挥本地区的资源优势，是一项经济效益显著、劳动密集型产业。果仁既可直接食用，又可以作为生产原料，进行深加工，增加产品附加值。不仅为林农增加经济收入，还能在很大程度上解决农村劳动力就业问题。是一项涉及广大林农切身利益的"民心"工程，是辽东山区有效解决"三农"问题的重要途径，是建设生态文明的重要举措。对于促进地区经济发展，调动林农投身林业、发展林业的积极性，满足人们对森林绿色食品需求，提高人民生活水平，绿化、美化环境，建设秀美山川及全面建设小康社会发挥积极作用。

9.5.3.2 大果榛子培育

抗寒大果榛子又叫平欧杂种榛子，简称大果榛子。它是以我国野生平榛为母本，与欧洲榛种间远缘杂交选育出的优良品种。既具有野生平榛的抗寒、适应性强、味香的特点，又具有欧洲榛子果大、皮薄、出仁率高、丰产的优点。大果榛子的抗寒能力强，栽培范围广，能耐 -35 ~ -30℃低温。大果榛子的根系发达，大大提高了栽植成活率。此外，大果榛子对土壤的适应性较强，可在山坡、丘陵、沟谷、沙岗、荒地及农田中栽植。大果榛子为干果，耐贮存，可常年销售。

9.5.4 林—特(养)模式

发展以林蛙和“清原马鹿”为代表的特色养殖业，养殖品种有林蛙、“清原马鹿”、梅花鹿、狍子、野猪等。开发小流域发展林下养殖业。

9.5.4.1 鹿野驯养繁殖

清原县饲养马鹿已有30多年的历史，是全国优良马鹿种源基地。2002年12月，清原的马鹿被农业部批准为国家畜禽动物新品种，正式命名为“清原马鹿”。可以由传统的人工圈养发展成为围栏式山上放养，有效利用林地资源，减少饲养成本。

9.5.4.2 林蛙驯养繁殖

林蛙是清原县重要的经济物种之一，近年来林蛙油价格日趋上升，并且抚顺哈什蚂(简称林蛙)已获得国家地理标志认证。人工饲养林蛙已经成为山区人民脱贫致富的支柱产业。

9.5.4.2.1 选址

近年来，清原县为提高林蛙回捕率，大多实行人工围栏养蛙。人工养殖林蛙不同于家禽的养殖，养殖林蛙有立地条件的要求。蛙场必须有长年不断的山间清洁溪流或小河，并远离村屯，无家禽危害，土壤保水性好。按林蛙的生物学特性和生活习性，可选择森林茂密、杂草丛生、土质湿润的山丘流域作蛙场。场地选址四周必须有阔叶林和针阔混交林，郁闭度在0.6以上为佳，林下要有适当灌木、草本植物和枯枝落叶层，以保持空气湿润、土壤潮湿，并能招引、繁衍昆虫。

9.5.4.2.2 修建林蛙池

林蛙的养殖场由修建的产卵池、孵化池、饲养池、变态池和越冬池组成。修建的蛙池大多一池“三用”——孵化、饲养、产卵。视农户自身经济条件，修建的蛙池大小可根据地形、地势和放养量来计算，一般池坝高60～80cm，池水深30～50cm。为防止漏跑，蛙池四周可用塑料布围起来。

a)越冬池

在流域内应修建1处或多处越冬池。林蛙是水底冬眠的动物，冬眠时基本不活动，如池底缺氧易引起窒息死亡。越冬池的大小，应根据林蛙数量而定，一般面积1～2亩。水深不低于2m，以确保冬季冻层下有1m左右的不冻层。池底可投设大小不等的石块、树根等隐蔽物。越冬池亦选择在养殖场附近有水源的山沟、河沟地带，以便于林蛙回归。修建时要留有出入水口，冻层以下有不干涸的流动水，则更有利于林蛙冬眠。

b)蛙卵孵化池

种蛙的选择。可以购买种蛙用以繁殖，雌雄蛙按"对"引种，亦可到养蛙户中捞取卵直接孵化育蛙，第三年才能用自己培育的蛙作种蛙。种蛙选择后，要单独暂放在贮蛙池储存。自己留用的种蛙可以放入越冬池饲养，而出售的种蛙要做好起运前的贮存工作。于4月中旬采集卵团发展养蛙。蛙卵繁育时应及时控制水温，气温9～11℃，水温10～14℃，孵化天数15天左右。蛙卵孵化池的水质必须干净，泥沙含量要低，尽量保持静水条件，以减少泥沙对卵团的污染。

蝌蚪孵化出后大多都选择移养法。要注意同一时期产出的卵团或孵出的小蝌蚪，放入同一池中，以保持胚胎发育和蝌蚪生长整齐一致，以避免大蝌蚪吃掉小蝌蚪。同时掌握放养蝌蚪的密度，不能过密或过稀，蝌蚪放养后要及时配置混合饲料加以喂养，确保健康成长。

人工饲养管理好的幼蛙，于5月左右开始上山生存，10月上旬气温在5～10℃时开始下山，20个月左右可发育成商品蛙。一般生长2年以上达到成熟方可捕捉，如获取蛙油最适蛙龄以3～4年较好。

养殖林蛙不仅对维护生态平衡、保持生物多样性起到了重要作用，而且丰富了人们的饮食文化。随着人们生活水平的日益提高，保健意识的逐步增强，林蛙及其产品走向餐桌，深受广大群众的喜爱，林蛙油的价格也因此逐年上升。养殖林蛙不仅帮助农户脱贫致富，增加收入，同时也能满足人们对林蛙产品的需求。

9.5.5　林—菌模式

清原县菌类发展主要以平地、林地、棚室为主的木段木耳、香菇、平菇、姬菇等。

9.5.5.1　选址

食用菌产业中黑木耳的培育占有重要的地位，是清原县农户发展的重要产业之一，关于食用菌生产技术也成为人们关注的焦点。木段木耳的培养一般选择有水源、电源、交通便利、坡度在30°的缓坡地带，也可选择靠近水源的平坦草地或者小型水库、鱼塘的下方作耳场，场地大小根据生产规模而定。要求小区气候温暖、昼夜温差小、空气湿润、日照充足，最好选择有森林植被的阔叶林带，既能遮阳又利于保湿。各地自然条件不同，应因地制宜，合理利用森林资源，应选择既利于木耳生长，又不是重要经济林的树种。

9.5.5.2　选耳木段

辽宁地区以柞木、桦木、栎木、榆木等硬质木材为好。选择树龄8～12年生的树木最好。一般要求在农历“数九”后砍伐，因为此时树木处于休眠状态，木材中营养物质丰富，树皮和木质部结合紧密，不易脱落，而且病虫害少。耳木砍伐后先去枝，再截成1～1.5m的木段，并把木段呈“井”字形堆叠在地势高燥、通风向阳的地方，上盖树枝或草帘。过一段时间后，干燥到发现木段截面出现放射状裂纹、敲击时声音变脆，这时便可进行接种。

9.5.5.3 接种时间与接种方法

根据各地的自然条件及具体情况，尽量做到适时接种。当日平均气温稳定在5℃时即可接种，辽宁地区在4月上旬至下旬。此期接种成活率高，不易受杂菌侵害。具体方法：用手工打孔器或手电钻打孔，木耳菌种瓶接种前要用高锰酸钾溶液或用75%的酒精消毒。接种人员最好戴消毒乳胶手套，打开菌种瓶，刮去表面老皮，用手把菌种掰成小块，每孔内放一块菌种，以填满孔穴为度。轻轻按压，不要压太紧，防止将种内水分压出，边打孔边接种，然后盖上事先准备好的木塞，用手锤敲平。

9.5.5.4 木段摆放

为了使菌丝在木段中迅速定植，需把耳木及时堆起来。先在地面放上枕木，然后将已接种的耳木呈“井”字形摆放，耳木间留一定空隙。木堆高约1m，长根据耳木数量而定。用树枝或塑料布覆盖。此时温度最好控制在22~28℃。一般中午温度容易达到25℃，早、晚温度较低，应结合加盖草帘以保持堆内温度。堆内空间相对湿度以80%为宜。

9.5.5.5 木段管理

随着堆放时间的延长，耳木内水分会逐渐下降，当含水量降到35%以下时，可在翻堆时结合喷水，喷水后稍晾一下，待耳木表皮干后，再盖覆盖物。这一时期通风显得尤为重要。如用草帘覆盖的，可以不用另行通风；而用塑料薄膜覆盖的耳木堆，一般上堆后7天左右，每天中午气温高时把四角卷起或揭开1~2h。后期随温度的升高适当增加通风时间和次数。大约上堆10天后，每7天翻1次堆，内翻外，上翻下。30~45天发菌结束。在接种20天左右要检查菌丝生长情况。具体做法：挖出木塞和菌种，看孔周围木质部颜色是否变淡、菌丝是否蔓延到木质部，如菌丝已长进木质部，表明菌丝已定植成活。当后期发现接种点有零星耳芽形成时，表明发菌结束。

将发好菌的耳木铺在湿润的场地上，耳木间距5cm左右，耳木一端放在高4cm左右的枕木上。铺好后，随气温的升高，水分蒸发很快，要及时喷水。开始每2～3天喷1次，以后逐渐增加喷水次数，同时翻动耳木。翻木的作用是使耳木能均匀受光、受潮，每7天翻1次，25天左右可以出耳。当耳木上出现较多耳芽时，要将耳木重新呈“人”字形摆架，坡度以耳木与地面呈70°角为宜。摆架后水分管理最重要，此期需要干湿交替的环境条件，干—湿—干，湿对木耳生长极为有利。喷水时要在早晚进行，最好喷雾状水，要喷全喷足，次数根据天气灵活掌握，此时木耳进入迅速生长期。

9.5.5.6　采收与晾晒

当耳片全部展开时开始收边，颜色变浅，耳根收缩变细，触动可见耳片颤动，这时就要及时采收。采收时抓住整朵子实体连耳根一起摘下。最好在早晚采收，每次采收后将耳木翻个面。采收后的木耳及时晒干或烘干。干木耳的标准含水量应在13%以下。干后放入塑料袋内密封，准备销售。

9.5.6　营林试验模式

9.5.6.1　落叶松成熟林大径材培育

9.5.6.1.1　适宜条件

a)样板林最好选择交通方便的小班，林相比较完整，坡度在20°以下，小班面积$2hm^2$以上。

b)国有林场前些年落叶松大径材培育林冠下更新红松类型，林冠下栽植的红松幼苗分布比较均匀且生长受到影响的小班。

9.5.6.1.2　标准地选择和经营措施

a)样板林内标准地选择一定要有代表性，选设3块标准地和1块对照区。每块标准地面积$0.1hm^2$。标$_1$是每公顷保留375株(25株/亩)，标$_2$是每公顷保留270株(18株/亩)，标$_3$是每公顷保留165株(11株/亩)。对照区不动。

b)标准地内采用全林检尺，记录胸高直径(围尺)、各径阶平均树高。同时调查林冠下幼苗株数和采取样方调查植被种类、数量及分布是否均匀等因子。

c)保留木要选择Ⅰ、Ⅱ级木，用红油漆标注胸高位置，编写保留木号码，采伐木挂号，注意保留林下天然幼树和幼苗。具体可参照《大边沟、城郊、甘井子和大苏河林场示范区建设建议规划》。

d)采伐时间5～6月最好，采伐作业时，伐树采用人工挂钩方式，严格控制树倒方向，尽量造2～4m短材，集材时尽可能选择在红松树趟间进行，最大限度地降低红松幼树的损伤率。

e)调查红松幼树的保存率，缺苗严重的应选择套袋苗及时补植。

9.5.6.2 工业原料林培育

9.5.6.2.1 适宜条件

a)样板林最好选择交通方便的小班，林相比较完整，坡度在20°以下，小班面积$2hm^2$以上。

b)适宜在落叶松树种的新植林、幼龄林和中龄林中进行。

9.5.6.2.2 标准地选择和经营措施

a)样板林内选择有代表性的地段，设置1块标准地和1块对照区。每公顷保留株数见辽宁省地方标准(DB21/T 706—2013)；每块标准地面积$0.1hm^2$。

b)标准地内采用全林检尺，记录胸高直径(围尺)、各径阶平均树高。同时调查林冠下幼苗株数和采取样方调查植被种类、数量及分布是否均匀等因子。

c)保留木要选择Ⅰ、Ⅱ级木，用红油漆标注胸高位置，编写保留木号码，采伐木挂号，伐除弯曲、被压等生长不良的树木。

9.5.6.3　落叶松幼、中龄林不同强度采伐试验

9.5.6.3.1　适宜条件

a)样板林最好选择交通方便的小班，林相比较完整，坡度在20°以下，小班面积2hm^{2}以上。

b)在林分长势较好的幼、中、近熟林中进行。为了确保试验的永久性和可持续监测，选择的小班必须保证成熟林以前不能遭到人为破坏和随意改变经营措施。最好选择在公路两侧禁止皆伐采伐的地段。

9.5.6.3.2　标准地选择和经营措施

a)样板林标准地要选择有代表性的地段，面积0.1hm^2，选设3块标准地和1块对照区。保留株数见辽宁省地方标准(DB21/T 706—2013)，每公顷适宜保留株数降低1～3个径阶。

b)标准地内采用全林检尺，记录胸高直径(围尺)、各径阶平均树高。同时调查林冠下幼苗株数和采取样方调查植被种类、数量及分布是否均匀等因子。

c)保留木要选择生长健壮的林木，用红油漆标注保留木的胸高位置，编写保留木号码。采伐木选择生长不良的树木。

9.5.6.4　落叶松纯林诱导复层异龄林

9.5.6.4.1　适宜条件

a)样板林最好选择交通方便的小班，林相比较完整，坡度在20°以下，小班面积2hm^{2}以上。

b)国有大边沟、甘井子、城郊林场适宜条件的林分。

9.5.6.4.2　标准地选择和经营措施

调整适宜保留株数、补植采伐带幼苗。总结试验成效。

9.5.6.5　北美乔松引种扩繁

9.5.6.5.1　适宜条件

a）样板林最好选择交通方便的小班，林相比较完整，坡度在20°以下，小班面积$2hm^2$以上。

b）国有大边沟林场试验基地，各林场新植林小班。

9.5.6.5.2　标准地选择和经营措施

国有大边沟林场试验基地数据，各林场新植林小班与同年栽植小班对比数据。

9.5.6.6　红松果材兼用林培育

9.5.6.6.1　适宜条件

a）样板林最好选择交通方便的小班，林相比较完整，坡度在20°以下，小班面积$2hm^2$以上。

b）适用于红松林分郁闭度在0.8以上的林分。

9.5.6.6.2　标准地选择和经营措施

a）样板林标准地要选择有代表性的地段，选设3块标准地和1块对照区。保留株数见辽宁省地方标准（DB21/T 706—2013），每公顷适宜保留株数适度降低，面积$0.1hm^2$。

b）标准地内采用全林检尺，记录胸高直径（围尺）、各径阶平均树高。同时调查林冠下幼苗株数和采取样方调查植被种类、数量及分布是否均匀等因子。

c）保留木要选择生长健壮的林木，用红油漆标注保留木的胸高位置，编写保留木号码。采伐木选择生长不良的树木。

9.5.6.7　胡桃楸果材兼用林改培

9.5.6.7.1　适宜条件

a）样板林最好选择交通方便的坚果经济林小班，林相比较完整，坡度在20°以下，小班面积$2hm^2$以上。

b）国有城郊林场、大苏河林场、枸乃甸乡、南山城镇大北岔村均有该类型小班。

9.5.6.7.2　标准地选择和经营措施

a）样板林标准地要选择有代表性的地段，选设2块标准地和1块对照区。保留株数见辽宁省地方标准（DB21/T

706—2013)，每公顷适宜保留株数适度降低，面积0.1hm²。

b)标准地内采用全林检尺，记录胸高直径(围尺)、各径阶平均树高。同时调查林冠下幼苗株数和采取样方调查植被种类、数量及分布是否均匀等因子。

c)保留木要选择生长健壮的林木，用红油漆标注保留木的胸高位置，编写保留木号码。采伐木选择生长不良的树木。

9.5.6.8　天然柞树大径材培育

9.5.6.8.1　适宜条件

a)样板林最好选择交通方便的柞树纯林小班，林相比较完整，坡度在20°以下，小班面积2hm² 以上。

b)位置为清原镇金凤岭、南山城镇秀水甸村、杨树崴林场后山。

9.5.6.8.2　标准地选择和经营措施

a)样板林标准地要选择有代表性的地段，选设3块标准地和1块对照区。保留株数见辽宁省地方标准(DB21/T 706—2013)，每公顷适宜保留株数适度降低，面积0.1hm²。

b)标准地内采用全林检尺，记录胸高直径(围尺)、各径阶平均树高。同时调查林冠下幼苗株数和采取样方调查植被种类、数量及分布是否均匀等因子。

c)保留木要选择生长健壮的林木，用红油漆标注保留木的胸高位置，编写保留木号码。采伐木选择生长不良的树木。

9.5.6.9　天然林多目标经营试验

9.5.6.9.1　适宜条件

a)样板林最好选择交通方便的小班，林相比较完整，坡度在20°以下，小班面积2hm²以上。

b)天然中龄林阶段林木每公顷蓄积量不足60m³的林分，或有培育前途的目的树种株数不足林分适宜保留株数40%的林分。

c)国有林场、集体林适宜条件的林分。

9.5.6.9.2 标准地选择和经营措施

见辽宁省地方标准(DB21/T 706—2013)中6.3.3。

9.5.6.10 人工公益林近自然化改造

9.5.6.10.1 适宜条件

a)样板林最好选择交通方便的小班，林相比较完整，坡度在20°以下，小班面积$2hm^2$以上。

b)适用于生长不良的落叶松、油松、赤松公益林，通过人为干预，每公顷有目的地培育150株左右的目标树。

9.5.6.10.2 标准地选择和经营措施

详见抚顺市林业局《人工公益林近自然化改造试验示范工程技术方案(试行)》。

9.5.6.11 天然林修正检查法试验

9.5.6.11.1 适宜条件

a)样板林最好选择交通方便的小班，林相比较完整，坡度在20°以下，小班面积$2hm^2$以上。

b)国有林场条件适宜的林分。

9.5.6.11.2 标准地选择和经营措施

详见抚顺市林业局《天然林修正检查法试验森林经营试验示范工程技术方案(试行)》(抚林字[2009]1号)文件。

9.5.6.12 珍贵树种培育

9.5.6.12.1 适宜条件

a)样板林最好选择交通方便的小班，林相比较完整，坡度在20°以下，小班面积$2hm^2$以上。

b)国有大苏河林场和集体林中现有的水曲柳、黄波罗等珍贵树种林分。

9.5.6.12.2 标准地选择和经营措施

a)样板林标准地要选择有代表性的地段，选设3块标准地和1块对照区。保留株数按辽宁省地方标准(DB21/T 706—2013)，每公顷适宜保留株数适度降低，面积$0.1hm^2$。

b)标准地内采用全林检尺，记录胸高直径(围尺)、各径阶平均树高。同时调查林冠下幼苗株数和采取样方调查植被种类、数量及分布是否均匀等因子。

c)保留木要选择生长健壮的林木，用红油漆标注保留木的胸高位置，编写保留木号码。采伐木选择生长不良的树木。

第10章

安全生产与劳动保护

10.1 安全管理

10.1.1 建立相应的安全管理、监督、检查机构，制定严格的安全生产管理制度，对安全生产和劳动安全实施有效管理、监督和检查。

10.1.2 不断完善造林、营林、采伐利用等作业措施及相关辅助作业，如修道、建桥等作业的安全技术操作规程，或引导使用相应的安全技术操作规程，如采伐机械使用手册。

10.1.3 当劳动保护设施不完备、机械设备有隐患、作业场地不安全、作业环境不适宜时，要采取相应措施，在不能保证作业人员安全与健康的情况下，不开展相关工作或停止正在从事的工作；另一方面，作业人员有权并应拒绝正在从事的工作。

10.1.4 经常组织开展有关安全生产、劳动安全的教育和作业技术(手册)的培训，增强作业人员的安全意识和作业能力。

10.2 劳动保护

为作业人员提供以下劳动保护，并在生产实践中，不断加以改进。

10.2.1 安全、健康的作业环境，即气候（作业天气）、立地（作业地点）、作业时间满足安全作业要求。

10.2.2 符合国际或国家标准的安全设备和劳动保护用品，如作业服、安全帽、防护鞋等。

10.2.2.1 具有不同作用的服装。服装的质地、面料和设计应充分考虑行业、工种的特性。采伐作业人员配备的服装颜色应与森林环境有较高的对比度；机械操作人员应配备紧身式的服装；接触有毒、有害物品或进入有传染病区的作业人员，应配备不透气、不渗水、抗腐蚀的紧口服装。

10.2.2.2 具有安全作用的头盔、鞋、靴、护腿等。

10.2.2.3 配备消除高噪音的消音耳套，防止有毒、有害液体、气体伤害的手套、眼罩或面具等。

10.2.2.4 具有野外常用的急救药品和器具。

10.2.2.5 相应作业场所和机械设备所需要的特殊或专用防护用品。

10.2.3 足够的、符合饮用标准的生活用水。

10.2.4 安全、合适的协同作业人员，禁用不宜人群。保护生理特殊时期和假期的女职工，禁止身体不适或患有特定疾病的职工从事不宜从事的作业，尤其是从事机械、高空、爆破等危险作业。

10.2.4.1 作业人员应具有劳动自我保护能力。

10.2.4.2 掌握相应作业设备、用品（尤其是药品）的安全使用方法。

10.2.4.3 掌握常见的预防、急救、自救方法（如流血、昏厥、虫、蛇咬伤等）。

10.2.5 采伐作业时，物资和设备的准备工作，执行LY/T 1646—2005森林采伐作业规程的5.4.2和5.4.3。

10.3 安全作业

10.3.1 按相应的作业技术规程开展作业，如采伐作业时执行 LY/T 1646—2005 森林采伐作业规程中 9.1—9.10、11.1—11.5 的相关安全规定。

10.3.2 注意森林防火，落实防火、灭火教育与培训。

10.3.2.1 注意居住场地防火，如设置防火隔离带、配备消防器材、专人看管生活用火源，给屋外烟囱安装防火罩，清除易燃物质。

10.3.2.2 林区吸烟应在安全场所、吸剩烟头应马上熄灭。

10.3.2.3 作业上必要的用火，如炼山，应清理场地，设置防火缓冲带，在用火未完时不应离开，不再用火时彻底将火熄灭。

10.3.2.4 注意机械设备防火，如清除机械设备表面多余油污，管理好燃料箱或油箱，在安全场所给机械加油等作业。对机械的排气、点火或产生高温的系统，应采取防火措施。

10.3.2.5 尽量不使用排放带火星气体的装置，使用时应保持其符合安全防火条件。

10.3.2.6 发生火情时，立即停止作业，在能确保人身安全前提下，采取可行的灭火措施，并向有关部门报告。

10.3.3 注意作业设备、用品的使用与保管。

10.3.3.1 具有作业设备、用品的详细使用说明，并按其安全、正确地使用与保管。

10.3.3.2 在使用前应检查作业设备、用品的可用情况，包括作业设备的防护装置、生产作业环境的安全性，确保可安全使用，尤其是化学用品如除草剂、杀虫剂等。

10.3.3.3 及时处理使用或保管过程导致的不安全因素，消除人身安全隐患。

10.3.3.4 注意饮用水、食品安全。

10.3.4 出现人身安全事故时，应立即停止作业，采取相应的急救措施，及时开展救护。

第11章

森林健康维护与生物多样性保护

11.1　森林防火

11.1.1　根据《中华人民共和国森林防火条例》，建立森林防火制度，县、乡(镇)、国有林场要建立防火组织，组建森林防火监管队伍和扑救专业队伍，制定和实施森林火情监测预警和防火措施。

11.1.2　建设森林防火设施，配备必要的电台、车载电台、对讲机、GPS 定位系统等现代化设备，形成快速应急指挥通讯网络。

11.1.3　配备风力灭火机、灭火 2 号和运兵车等设备。

11.1.4　注意森林防火，落实防火、灭火教育与培训。

11.1.5　建立防火林带。

11.1.5.1　防火带区划设置

11.1.5.1.1　防火林带有利于增强经营区林分的防火功能、环境保护和生态效能，还有利于提高经营区内生物多样性和防治森林病虫害。在人工用材林经营区及周边，宜根据需要，在山脊线或主要山脊线，或河流宽谷地段的小班周界上，设计防火林带(线)。

11.1.5.1.2　防火林带的区划设置应结合自然地理(气候、地形地势等)、人文习俗等，在区域范围内总体规划，涉及的人工用材林经营区应落实防火林带的建设。

11.1.5.2 防火带营造

11.1.5.2.1 防火林带营造要求

a)要因地制宜、适地适树，以及与周边生态环境需要相一致。

b)根据地形地貌、山火易发生程度，设计防火林带的树种配置、宽度及长度、造林方式、维护措施等。

c)防火林带宽度一般为 10～20m。一般山脚、田边为 10～12m，道路两侧各为 4m，山坡上为 12～15m，主要防护地段需要达到 20m。

d)宜根据树种特性、苗木规格、造林地段的立地条件、造林方法等，分山区段选择抗火耐火能力强、速生的优良乡土常绿阔叶树种。

11.1.5.2.2 树种要求

常绿、枝叶茂密、含水量大、含树脂少，不易燃烧、着火时不会产生火焰、耐火抗火力强，萌芽重生力强、根部分蘖力强，生长迅速、郁闭快、适应性强，抗病虫害的乡土树种。

11.1.5.2.3 乡土树种要求

常用于营造防火林带的乡土树种可选用水曲柳、黄波罗、杨树、椴树、槭树、榆树、赤杨和稠李等乔木以及忍冬、卫矛、接骨木、佛头花、山梅花和白丁香等灌木。

a)林带的初植密度应适当加大，形成紧密结构，以便于能迅速地发挥防火功效。

b)造林时间宜与相邻地块造林同步进行。

11.2 森林病虫害防治

坚持“预防为主，科学防控，依法治理，促进健康”的方针，不断提高无公害防治和生物防治在整个防治工作中所占比例。树立以营林为基础，将森林病虫害防治贯穿于营林生产全过程的理念，加强抚育管理，改善林分卫生状况，促进林分健康生长。

11.2.1 林业有害生物种类

目前，全县已采集到标本的各类昆虫 859 种，病害 68 种，有害植物 21 种。其中可能造成危害的森林病、虫、鼠害为 16 种(日本松干蚧、栗山天牛、落叶松鞘蛾、落叶松毛虫 4 种为常发性虫害，核桃扁叶甲、棕背平鼠、八齿小蠹、落叶松球芽、新松叶蜂、竹节虫、银杏大蚕蛾、蝗虫、柳九星叶甲、落叶松枯梢病、伊藤厚丝叶蜂、花布灯蛾 12 种为突发性森林病虫鼠害)，美国白蛾已经逼近清原县，松材线虫病尚未发现，但属于严格防控的重大外来林业有害生物，发现的有害植物尚不构成危害。

11.2.2 防治依据、原则

11.2.2.1 林业有害生物防治依据

依据《中华人民共和国森林法》、《中华人民共和国种子法》、《中华人民共和国进出境动植物检疫法》、《森林病虫害防治条例》、《植物检疫条例》、《辽宁省森林病虫害防治实施办法》、《辽宁省森林植物检疫实施办法》等有关法律法规。

11.2.2.2 林业有害生物防治原则

林业有害生物防治要坚持“预防为主，综合防治，防控结合”的原则；坚持快速反应，紧急处置，控灾减灾的原则；坚持分级联动，各负其责，协调配合的原则；坚持属地管理，“谁经营谁防治，以属地为主”的原则。

11.2.3 主要防治措施

11.2.3.1 加强领导，落实森防目标管理责任制

成立以县政府分管副县长为组长的领导小组，把森防工作纳入县政府及各乡镇的日常工作中，把指标分解到基层各单位，实行目标管理考核制度。林业局成立以主管副局长为大队长的林业有害生物防治大队，下辖35支应急防治小队，防治队员由全县720名生态公益林管护员中产生，负责组织实施重大有害生物的除治工作。

11.2.3.2 建立预防预警机制

11.2.3.2.1 预防体系

根据清原县的森林资源分布，在全县建立健全重大林业有害生物监测预警网络和应急指挥信息系统。划定一般预防区和重点预防区。加强森林病虫害监测预警体系、检疫御灾体系和防治减灾体系建设，充分发挥森林病虫害测报(监测)点的作用。加强各级应急指挥信息系统、监测预警专业队伍和基础设施建设，全面提升监测预警、检疫御灾和防治减灾能力。

11.2.3.2.2 基础设施建设及药械储备

包括防治机械库、药品库、药剂调配室、车库、防治药械储备库、担架式高压喷雾器、背负式高压喷雾器、发烟机、称量器械及量具、灌装泵、升降式高喷程森防风送喷雾车等。

11.2.3.2.3 加强检疫管理

a)严格国外、省外引种审批管理，开展引种前风险评估和隔离试种的监管。

b)加强苗木、种子、木材及相关林副产品的产地、调运检疫，全力杜绝林业有害生物的传入与传出。

c)制定相应的管理措施，加强国(境)外、省际间的苗木调运检疫工作，及时掌握疫情发生情况，加强检疫手续的检

查，严密封锁疫情，防止疫情从县域外传入。

11.2.3.2.4 监测机构

a)县森林病虫害防治检疫机构要建立监测、测报点，负责组织实施重大有害生物监测预警工作。

b)发现病死树、可疑病虫或植物及其他异常现象，及时调查、取样，派专人管护发生现场，实时监控。

c)对新发现的林业有害生物种类，要立即上报并组织鉴定。

11.2.3.2.5 监测手段

主要采取挂鸟巢、施放肿腿蜂等措施来降低其虫口密度，从而进一步防止其扩散和蔓延。同时应清除虫源木，以达到根治的目的。

在设备方面，测报、监测点应配备望远镜、调查专用工具包、摩托车等，以降低监测、测报工作的劳动强度，提高科技含量和快速反应能力。

11.3 生物多样性保护

11.3.1 野生动植物及其栖息地保护

11.3.1.1 对修建作业道、楞场、集材道等形成的林间空地，应尽量恢复植被以减少土壤侵蚀并阻止堆积。

11.3.1.2 相邻的小班不能同时采伐，为野生动物保留栖息地。

11.3.1.3 保护或保留采伐地块上属于濒危、珍稀物种的树木。

11.3.1.4 保护或保留采伐地块上野生动植物栖息地的组成部分(如树干、木质腐殖质、用作巢穴的树木等)。

11.3.1.5 保留成熟的森林群落廊道，以便当邻近群落更新时为野生动植物提供食物、栖息场所以及迁徙的通道。

11.3.1.6　在采伐作业后，在原木楞场、作业道和集材道上种植野生动物喜爱的植物种类。

11.3.1.7　林地排灌时要防止土壤侵蚀和次生盐碱化。施肥时不要污染环境。

11.3.1.8　鸟巢保护

a)直径在50cm以内的鸟巢，鸟巢外围缓冲带的宽度不能低于优势树种的高度。

b)直径≤50cm的鸟巢，外围缓冲带应以鸟巢为中心，直径50m的范围。

c)在经营及相应的作业道修建等期间，必须妥善保护鸟巢。

11.3.2　森林景观维护

11.3.2.1　尽量选择能产生最小化视觉冲击的森林经营措施，如单株择伐和母树更新。

11.3.2.2　根据景观的自然特征设置伐区。

11.3.2.3　裸露的土壤区及时恢复。

11.3.2.4　维持多树种组成。

11.3.2.5　减小采伐迹地保留木对周围景观的破坏。

11.3.2.6　人工更新时，要平行公路建立林带，避免形成90°直角。

11.3.2.7　特色景观保护区化学物质、燃料和油类应按照规定的方法保存、使用和处理。

11.3.2.8　除非开展维护或促进形成特殊景观需要，风景区严禁采伐。

11.3.2.9　通往风景区(点)的道路应对游人、车辆、入区行为等设置必要的限制措施。

11.4 水源地保护

11.4.1 水域分类分级

为保护水源、水质，应在依据水的流程、溪流宽度、侵蚀面等对河流分级基础上，划分河流、其他敏感水体等的保护区域，制定相应保护措施。水域分类分级见表 11-1。

表 11-1 水域分类分级

类别、级别	水面宽度(m)	侵蚀面宽度(m)
1 级常年溪流	>10	变化的
2 级常年溪流	<10	>2
3 级常年溪流	<10	<2
1 级间断溪流	<10	>2
2 级间断溪流	<10	<2
1 级冲沟	<10	>1
2 级冲沟	<10	<1
1 级排水沟	<10	<1
2 级排水沟	无	无

11.4.2 河流保护区划

11.4.2.1 河流保护区外可作业的最短距离见表 11-2。

表 11-2 河流保护区外可作业的最短距离

特征	距离(m)
斜坡、作业道的排水设施	10
主干道的排水设施	20
燃料或垃圾处理场所	40

11.4.2.2 将河流保护区划分为禁止采伐区、限制采伐

区和可采区。各区区划和要求见表 11-3。

表 11-3　河流区划及要求

<table>
<tr><th>河流类别</th><th>禁伐区外围位置</th><th colspan="2">限伐区采伐宽度(m)</th><th>可采区保护要求</th></tr>
<tr><td>1 级常年溪流</td><td>河床或河岸外围延伸 2km</td><td>30</td><td>20</td><td rowspan="8">根据当地条件和规程要求进行作业和确定</td></tr>
<tr><td>2 级常年溪流或 1 级间断溪流</td><td></td><td>20</td><td>15</td></tr>
<tr><td>3 级常年溪流或 2 级间断溪流</td><td></td><td>10</td><td>10</td></tr>
<tr><td>1 级冲沟</td><td rowspan="2">从第一个河岸制高点起往外延伸 2m 或水域区以外 5m</td><td>10</td><td>5</td></tr>
<tr><td>2 级冲沟</td><td>5</td><td>5</td></tr>
<tr><td>1 级排水沟</td><td>水域区以外 2m，若土壤侵蚀不严重，则设于水域区以外 1m</td><td>5</td><td>5</td></tr>
<tr><td>2 级排水沟</td><td>不要求</td><td>5</td><td>5</td></tr>
</table>

11.4.2.3　禁伐区要求

a) 不采伐林木。

b) 机械不进入。

c) 不允许沿着水道拖运木材。

d) 禁止向溪流倒入伐倒树木或采伐剩余物、其他杂物和垃圾。

e) 主要水生动物通道须经核准。

f) 林木一旦意外倒入禁伐区必须确保对土壤和植被尽量小的负面影响地移走。

g) 垃圾等废弃物禁止焚烧。

11.4.2.4　限伐区要求

a) 土壤一旦浸湿就禁止作业。

b) 伐倒的林木尽量远离禁伐区并尽可能集中在河道右侧

的角落。

c)采伐区的采伐木不可堆放于限伐区内。

d)意外倒入限伐区的林木应确保对土壤和植被尽量小的负面影响地移走。

e)受干扰区应尽快采取恢复措施。

f)拖拉机只能在禁伐区5m以外区域作业。

g)搬运木材应避免出现侵蚀沟，且可能出现侵蚀沟的应尽快填充。

11.4.2.5　禁伐区和限伐区都必须做到

a)在进行经营活动前决定和标明该立地的合适的河岸缓冲带宽度。

b)沿常年性河流方向，在河岸缓冲带带内保留每公顷$5m^2$胸高断面积的林分或采伐后至少保留0.5的郁闭度；沿间断性河流方向，在河岸缓冲带带内保留每公顷$2.5m^2$胸高断面积的林分或采伐后至少保留0.3的郁闭度。

c)除了连接已规划的桥涵，其他进入森林的道路应在区外设置。

d)区内已有的道路，应按需要设计充分的控制水流结构和稳定河岸措施，否则应考虑改道。

e)贮木场、转运场、集材道的选址应在区外，最好选择排水良好而稳定的林地上。

f)若有防火带，应在区外平行于河流设置。

g)不允许采伐溪流两岸的树木。

h)不允许在区内伐除地表覆盖物或林下植被。

i)不允许在区内开展机械整地、火烧整地、机械造林、伐除地表覆盖物或林下植被等活动。

j)不应将伐倒树木倒入溪流或将采伐剩余物留在溪流中。

k)在设计、建设和维护道路时，对水体植被的干扰应最小，并不应威胁各种水生生物的迁徙和活动。

11.4.3 其他敏感水体或区域保护

11.4.3.1 排水沟

a)在湿地上修建道路、采伐林木和整地时，需适当排水减低湿地的水位，但不应改变湿地性质。

b)如果排水沟有将沉积物或其他污染物冲到外面的可能，则应采取水土保持措施。

c)排水沟不能直接连接溪流，且在河岸缓冲带中不要设计新的排水沟。

11.4.3.2 冲沟

a)一些老的冲沟已经复原地面的，不宜使这些冲沟变成临时性溪流。

b)如果某些作业会导致水流冲刷，则应作为临时性溪流处理。

11.4.3.3 水库、塘坝和其他溪流

如果这些水体具有将沉积物和污染物冲离地表的潜力，则按照常年性溪流的经营方式处理。

11.4.3.4 山脊保护

在海拔 >1000m 的山顶，坡度≤25°的情况下，应减少或禁止经营活动。

11.4.3.5 沼泽

如果具有将沉积物和污染物冲离地表的潜力，则按照常年性或间歇性溪流处理。

11.4.4 缓冲区(带)设置和管理

11.4.4.1 缓冲区(带)设置

为保护经营区内具有重要保护或科研价值的野生动植物栖息地、自然保护区、科研试验地、森林景观等，保障区域环境及生态安全，需要留出一定宽度的缓冲区(带)。

11.4.4.1.1　小型湿地、水库、湖泊周围的缓冲带宽度≤50m。

11.4.4.1.2　水源源头、自然保护区、野生动物栖息地、科研试验地、重要森林景观区等周围缓冲带宽度≤30m。

11.4.4.1.3　不同溪流的最小缓冲带宽度见表 11-4。

表 11-4　不同溪流等级的缓冲区设置要求

溪流河床宽度(m)	单侧缓冲带最小宽度(m)
>50	30
20～50	20
10～20	15
<10	8

注：溪流河床宽度是指河两岸植被区之间的距离。

11.4.4.2　缓冲区(带)管理

11.4.4.2.1　未经特许，在缓冲区(带)内不应采伐任何林木。

11.4.4.2.2　除修建过水管道和桥涵等工程作业外，施工机械不应进入。

11.4.4.2.3　禁止在河岸缓冲区内使用伐木打枝设备，避免将梢头枝叶等留在河道内。

11.4.4.2.4　禁止在河岸缓冲区内采用机械造林、造材或堆积原木。

11.4.4.2.5　不应向缓冲区倾倒采伐剩余物、燃料和油料的废弃物、储存物、其他杂物和垃圾。

11.5　种质资源保护

动植物种质资源是动植物遗传多样性的基础，是生物多样性保护的一个重要方面，也是森林培育和森林可持续经营过程中一个不可缺少的环节。应该从国家、区域和森林经营单位等水平上开展森林动植物种质资源的保护与合理利用。

第12章 森林环境保护与监测

12.1 森林环境保护

12.1.1 森林经营对生态环境影响简述

12.1.1.1 造林活动对生态环境的影响

12.1.1.1.1 整地对生态环境的影响

整地是造林的重要工序，整地方式和整地面积要合理，如整地方式不合理，整地面积过大，对植被的破坏程度也就越大，易造成水土流失，生物多样性和生态环境会受到影响。

12.1.1.1.2 慎重选择造林树种

本着适地适树的原则，积极倡导利用乡土树种、特有树种造林。引进外来物种造林，很容易带来有害生物，因此，严格防范外来有害物种入侵，防止有害物种的跨区域、跨国家的迁移。在未对外来树种进行引种试验，确保其具有很好的生态适应性和不会造成入侵性危害之前，不得进行大面积栽植。对已经入侵的有害物种进行严格控制，研究控制对策，采取有效措施，防止其进一步扩散和蔓延。对入侵危险性大的外来有害生物，制订专项应急预案，采取严密的预防措施，在组织、技术、物质等方面做好应急准备。

12.1.1.2 森林火灾对社会及生态环境的影响

如用火不当，发生森林火灾，影响居民生命财产的安全，扑救工作中存在危及员工生命和健康及破坏植被、生态环境等因素。

12.1.1.3 森林采伐对生态环境的影响

12.1.1.3.1 采伐对伐区小气候的影响。由于通过采伐活动，林地立木相对减少，森林植被不同程度地受到破坏，使伐后林内疏透度增加，也就增加了林内的光照强度，改变了林内温度梯度，白天和夜间温差较大，同时也改变了林内风速和林内水分循环等。

12.1.1.3.2 采伐对伐区生物多样性的影响。一是生物多样性是大自然长期进化的结果，是地球上最珍贵的生态资源，也是生态系统稳定的重要因素，伐后的炼山清理、林下植被清理，大面积的单一树种等都可能导致生物多样性的损失。二是采伐活动还可能使伐区生物物种减少、丧失或改变，森林遗传多样性也降低。如果采用皆伐，伐区物种变化更为明显。

12.1.1.3.3 采伐活动对野生动物的影响。野生动物是生物多样性的重要组成部分，由于不合理的采伐或大面积的采伐，如采伐季节、采伐方式等，森林植被受到破坏，改变了原有的森林生态环境，使野生动物的栖息地环境受到影响。

12.1.1.3.4 采伐对伐区保留木的影响

采伐活动对伐区保留木的影响主要表现为对保留木的损伤，特别是机械作业和集材时对保留木损伤更大，增加受病虫害和其他自然灾害侵入的危害几率。

12.1.1.3.5 采伐对伐区土壤的影响

采伐活动对伐区土壤影响主要有四个方面：一是对土壤的干扰和压实。在采伐作业过程中，人、畜、机械、木材在林地内运行，各种作业及工程措施造成林地表层土壤的移动、碾压，大量有机质被重新分配、搅和等，引起土壤结构一定程度的破坏，使土壤受侵蚀的可能性增加。二是增加了水土流失。森林主要通过枯枝落叶层、土壤和林冠的保护作用减缓水土流失，森林采伐作业在不同程度上破坏了森林的这种结构。三是土壤养分的损失。林木采伐后，随着裸露的地面水土流失，带走了一定量的营养成分，造成了土壤养分的损失。四是林地生产力的下降。采伐、集材作业对土壤的影响，导致了林地生产力的暂时下降，如果长期采伐，则导致林地地力衰退。

12.1.1.3.6　采伐对区域水资源的影响

采伐活动对区域水资源的影响表现为三个方面：一是改变近期地表径流分配时间，降低近期水资源利用率；二是降低近期地下径流量；三是改变了地表径流水质。

12.1.1.3.7　皆伐采伐作业对区域视觉景观的影响

树木和林分随着年龄的增长，逐步显示出它的自然美和宜人景致。森林经过采伐后，将小范围内导致林中空地的变化和大范围内自然景观的变化。采伐后自然景观的变化有两个方面：一方面是景观破碎化，尤其是体现在斑块变化；另一方面是景观异质性变化，这种变化强度随着区域采伐强度变化而变化。

12.1.1.3.8　大面积采伐活动对大气环境的影响

采伐活动对大气环境的影响是更大区域范围内考察采伐对生态环境的影响，这种影响表现在三个方面：一是伐区森林资源固碳放氧功能的减弱或消失；二是伐区森林资源净化大气、净化水资源功能的减弱或消失；三是对区域小气候调节功能的减弱或消失。

12.1.2　对环境影响的保障措施

保护环境已经成为人类社会的共识。环境保护关系国家现代化建设和长远发展，是造福当代惠及子孙的事业。保护生态环境质量，促进林业可持续发展，具有十分重要的意义。

营林活动操作前应精心组织调查规划设计。严格按照国家的法律法规、政策规定组织经营活动。规划设计应有必要增加采伐后对周边环境影响因素、对野生动植物及生物多样性的影响方面内容。编制设计资料要科学合理，既能实现经营目标，又能有效保护生态环境。

森林经营作业时，应遵循可持续经营的原则，严格参照操作技术指南，对员工和生产技术人员进行必要的培训。作业结束后要组织检查验收，及时发现经营活动对环境造成的影响程度和问题，及时采取补救措施。

12.1.2.1　防止化学品对环境的污染

化学品使用不当会导致水源污染、土壤污染、空气污染等，并对人体和动植物的健康及安全带来危害，因此，营林活动中应十分重视化学品的应用。具体防范措施应注意以下几点：

12.1.2.1.1　生物综合防治

森林病虫害防治是应用化学品最广泛的领域，实施生物综合防治是保护生物多样性，防止森林病虫发生，减少化学品使用的最有效的办法之一。实施中应避免使用对害虫天敌有害的化学品，采用多树种、多生态系统在时间和空间上交叉配置，多树种种植混交林，采用树种轮替和多元性系营林操作方式。注重保护害虫天敌和做好检疫、监测工作，普遍应用生物防治、营林防治、天敌防治，尽量减少化学防治法。注重肥料的使用，大力推广和应用有机复合肥，以提高土壤地力，减少土壤酸化和板结机会。

12.1.2.1.2　杀虫剂品种选择

选择高效低毒的杀虫剂，对于防止环境污染、不伤害珍稀野生动植物尤为重要。坚决禁止选择和使用世界卫生组织规定禁止使用的高毒性、残留期长的杀虫剂，禁止使用国家法律规定淘汰的杀虫剂品种。应针对病虫害发生情况，选择高效低毒、存留期短的杀虫剂进行防治。注重抓好杀虫剂的存储保管，要设立专门仓库，配置经过训练的专职人员看管，实行进出登记制度。杀虫剂药品超过储存期，应妥善处置。认真遵守国家有关安全合理使用农药的规定，逐步禁止使用甲胺磷、水胺硫磷、对硫磷、久效磷、氧化乐果、福美砷、林丹、三氯杀螨醇、甲拌磷、乙拌磷、杀虫脒、除草醚、草枯醚等剧毒高残留农药，大力提倡使用微生物农药(BT乳剂和病毒等)、仿生农药(灭幼脲)、动物源农药(昆虫信息素等)、植物性农药(苦楝素、茴蒿素、烟碱等)、矿物性农药。禁止使用世界卫生组织和国际公约中禁止使用的1A、1B杀虫剂。

12.1.2.1.3　推广生物防治和物理防治相结合的新技术，尽量避免使用化学杀虫剂。

12.1.2.1.4　对使用和保管化学药品的人员进行培训持证上岗，配备必需的防护用具，严格安全操作技术规程，以防发生意外。

12.1.2.1.5　制定严格的化学药品使用、发放、保管、回收、剩余化学药品、容器、固体无机废物的处理管理办法，确保避免污染环境。

12.1.2.1.6　建立健全剩余化学药品、容器、固体无机废物安全处置体系，完善集中处置设施。确保无机垃圾(例如油、轮胎、容器等)循环(回收)利用。

12.1.2.1.7　在森林以外建立处理点，以环境无害的方式处理不可(回收)循环利用的垃圾(包括剩余的化学品、化学容器、塑料垃圾、燃料和润滑剂、车用旧电瓶等)。

12.1.2.2　垃圾管理

林业生产经常产生大量的废弃物，其中一些废弃物可以在自然环境中降解，例如自然掉落的枯枝落叶、采伐时砍下的细小树枝、木片碎屑等；另外一些在自然界难以降解，包括废轮胎、废油、废水、废金属、废塑料和生活垃圾等。

12.1.2.2.1　在采伐过程中，尽可能减少剩余物，如破损原木、大块下脚料、废弃原木及其他森林产品。

12.1.2.2.2　在作业完成以前，将大型废物如轮胎、报废车辆部件、废油等收集并运出森林。不得把废油、轮胎等堆放在森林中，或存放在水体附近。废弃物要妥善处理，最好送至区内经注册的废物处置场。每个员工应清楚地了解废弃物的处理处置程序。

12.2　森林资源监测

根据森林可持续经营试点工作要求，建立一套完善的森林监测体系，涵盖森林资源、环境、社会的各方面内容，从而实现对森林资源、生态环境和社会影响的全面监测与评价，为全县的森林可持续发展提供重要保障。

12.2.1　监测目标

通过监测的实施，获取监测指标的动态变化数据，掌握森林经营过程中各项因子的变化情况，以及各种经营活动对环境和社会的影响，为制定科学合理的经营措施提供依据，最终达到提高森林经营水平，实现森林的可持续经营的目的。总体监测目标将主要包括以下几个方面：

a)森林资源现状和消长变化动态。

b)森林健康状态(森林火灾、病虫害等)的相关信息。

c)开展各种经营活动的实施对森林环境造成的影响。

d)生产经营活动对社会产生的影响。

e)撰写森林综合监测报告，全面阐述监测周期内森林各方面的变化情况，提出对各种经营活动的整改建议。

f)建立森林综合监测信息定期发布制度，通过互联网等有效通讯工具定期向社会公布森林综合监测结果，接受社会监督。

12.2.2 监测范围

不含省属林场、市矿务局属林场和铁路林场。重点是县域内的县属国有林场、集体林，包括集体林地上的集体所有林、个人所有林及民营林场、县域内企事业单位的林分均在森林监测范围。

12.2.3 监测项目与方法

12.2.3.1 森林资源监测

监测指标：森林面积、活立木蓄积、地类、林种、树种、起源、林龄、生长量、消耗量等。

监测方法：森林资源档案管理、固定样地、临时样地和小班调查，资料收集。

监测周期：二类调查每10年1次，资源档案数据更新每年1次。

监测记录：二类调查成果资料、资源数据更新报表、森林资源监测报告。

12.2.3.2 林木采伐监测

监测指标：采伐地点、采伐方式、采伐强度、采伐面积、采伐蓄积、出材量、伐木工具、集材和运材方式等。

监测方法：收集采伐作业验收资料、现场调查。

监测周期：一年一次。

监测记录：采伐作业设计、林木采伐许可证、伐区作业、伐区验收、采伐对环境影响的评估报告等。

12.2.3.3 营造林监测

监测指标：包括人工造林、迹地更新、幼林抚育、森林采伐、封山育林等。

监测方法：资料收集、设置固定(临时)样地(点)调查。

监测周期：一年一次。

监测记录：各类营林作业设计及验收单、营造林活动对环境影响的评估报告等。

12.2.3.4 森林灾害监测

森林灾害监测包括森林火灾监测和病虫害监测。

监测指标：灾害发生地点、范围、种类，火灾监测还包括火灾发生原因、程度、熄灭途径、防火体系等指标的监测；病虫害包括发生原因、处理方式、效果等指标的监测。

监测方法：资料收集、座谈访问、现场踏查和临时样地调查。

监测周期：护林员不定期观测。

若发生森林火灾或病虫害则必须在现场设置临时样地进行调查，估算受灾面积和程度。

监测记录：森林病虫害调查表、森林火灾调查表、护林员巡护记录表、森林灾害对环境影响的评估报告等。

12.2.3.5 野生动植物监测

查清经营区内珍稀野生动植物资源现状，分析变化原因和发展趋势。

监测方法：资料收集、座谈访问、设置固定样地(点、带)调查和巡查。

监测周期：一年一次，不定期巡山。

监测点布局：根据野生动植物的分布范围来定。

监测记录：森林野生动植物调查登记表、珍稀濒危野生动植物要设立名录和图册、森林野生动植物监测报告等。

12.2.3.6 非木质林产品监测

非木质林产品监测是要在查清非木质林产品现状和利用信息的基础上，分析其开发利用情况和发展趋势，为科学保护和合理利用提供重要依据。

监测指标：非木质林产品种类、数量、年产值、更新情况等。

监测方法：资料收集、座谈访问、临时样地调查等。

监测周期：一年一次。

监测点设置：从事非木质林产品经营活动的农户，生产非木质林产品的林分。

监测记录：非木质林产品调查表、非木质林产品监测报告等。

12.2.3.7　土壤监测

土壤监测通过土壤调查及有机质含量等因子检测，评价土壤肥力，做到适地适树、改地适树。

监测指标：土壤理化性质和土壤厚度、质地、结构等。

监测方法：土壤剖面调查、专业机构检测。

监测周期：不定期，在地类发生变化的前后进行。

监测点布局：在有林地和未成林造林地中。

监测记录：森林土壤调查表、土壤理化因子检测报告和森林土壤监测报告等。

12.2.3.8　化学品、化肥使用监测

监测指标：化学品、化肥施用范围、面积、种类及废弃物处理方式。

监测方法：资料收集、填写调查表等。

监测周期：不定期，每次使用必须填写登记表和调查表。

监测点布局：根据使用范围确定。

12.2.3.9　道路监测

踏查林道，确定维修和清理路段、植被恢复路段。

监测指标：路面、边坡、排水道、水土流失和两边植被等。

监测方法：GPS 定位调查、资料收集、座谈访问。

监测周期：一年一次。

监测点布局：集材主道、集材支道和村村通公路。

监测记录：道路调查图表、道路监测报告等。

12.2.3.10 水资源监测

监测指标：沟溪水的各项质量因子。

监测方法：座谈访问、专业机构检测。

监测周期：一年一次。

监测点布局：河流两侧、水库周围等。

监测记录：1∶1 万比例尺沟溪网络分布图、水质检测结果表、水质监测报告。

12.2.3.11 过度放牧、畜养等人为活动监测

监测指标：对森林、林木、林地影响较大的过度放牧、畜养等人为活动。

监测方法：实地监测、调查取证。

监测周期：即时监测。

监测点布局：经营区周边及近 3～5 年的新造林地。

监测记录：填写《过度放牧、畜养等人为活动监测记录表》。

12.2.3.12 社会影响监测

监测指标：职工及社区居民的意见、诉求、建议和评价。

监测方法：座谈访问、问卷调查、意见箱。

监测周期：一年一次。

监测点布局：管理人员、生产人员、相关利益者代表。

监测记录：调查问卷、访谈记录、建议与意见书、社会影响评估报告等。

第13章

当地社区和劳动者权利

森林资源、森林经营活动都具有社会效益。森林经营单位不仅要有促进当地经济发展的主观愿望，还要求在力所能及的范围内开展一些有利于社区居民的实际工作，并要保护劳动者权益。该原则要求，森林经营单位应通过一系列措施，使林业工人和社区居民在经济、健康安全等方面受益。

13.1　周边居民的权益

森林经营单位为周边居民提供以下方面的权益：提供就业、培训与其他社会服务的机会；土地和资源的法定权利；风俗习惯的权利；补偿(赔偿)的权利；劳动收益的权利；发表意见的权利。

13.1.1　提供就业、培训与其他社会服务的机会

主要有三个方面：一是森林经营单位应该优先安排社区居民参与森林经营活动，如参加采伐、抚育、造林、育苗等工作，并开展相关培训教育；二是森林经营单位应尽可能多地为社区居民、弱势群体和工人提供知识技能培训或适当形式的帮助，以满足他们长期在岗工作的需求；三是森林经营单位应积极支持开展与森林资源规模相配套的基础设施、辅助设施建设和社区项目，如为林区及周边社区居民提供必要

的交通、通讯、医疗诊所、教育和培训设施等，以加强与社区之间的友谊。

13.1.2 对林木和其他资源所享有的法定权利

森林经营单位了解并确定当地居民的土地所有权、相关利益和传统权利，尊重并承诺其自主经营权；森林经营作业不应直接或间接地破坏当地居民的资源或影响其使用权；未经当地居民同意，不得在其土地上进行与营林有关的活动，双方的合作应当在平等的前提下进行，并签订有关协议；在出现问题时，应当平等地协商解决。

13.1.3 传统的或经许可的进入和利用森林的权利

由于生活在林区或周围的居民可能会存在如采集蘑菇、采挖药材、收集薪材、养蜂、游憩、通行、环境教育等利用森林的行为，这是一种长期以来形成的习惯，也是其传统权利的体现，属于对森林和其他资源所享有的权利之一。森林经营单位允许当地居民使用这些传统权利，当然这些传统行为必须合法且不能对森林造成破坏。对于特殊情况，需要明确规定并公示，如防火期进入森林、自然保护区核心区等。

13.1.4 损失或赔偿

森林经营应尽可能不对当地居民的权利、财产、资源和生活造成损失或破坏，如造成损失，则应加以合理赔偿。因此，森林经营单位应采取适当措施，避免对当地居民带来负面影响，防止造成损失或破坏，并制定专门的纠纷解决机制。如果造成影响应给予合理补偿，并通过平等协商达成一致。

13.1.5 传统知识的权益

森林经营单位保护当地居民的知识产权，要尊重和有偿使用当地居民的传统知识，要采取给予报酬的聘用方式使用当地居民，不能无偿使用。

13.1.6 社会影响社区沟通机制及社区意见的落实

森林经营作业不可避免地对周边社区带来影响。例如，在经济方面，森林经营活动可以带来就业、劳动收益、土地承包收益等；在环境方面，森林经营活动带来景观变化、水土质量改变而影响周边社会；在社会方面，特殊林地、特殊林木的管理需求等。

森林经营单位要重视社会影响，并将它反馈到经营活动中，要建立与社区沟通协商机制，使社区居民享有受重视的权利。

13.2 职工的权益

森林经营单位为职工提供以下方面的权益：劳动健康和安全；权益的保障与实现。

13.2.1 职工的健康和安全

森林经营单位保障职工的健康和安全。要遵守有关职工劳动与安全方面的法律法规，同时还要根据这些法律法规制定一些保障政策，如工资、社保、医保和退休金等福利待遇，并采取一些保障措施，如配备必要服装和安全保护装备、提供应急医疗处理、开展安全培训等。例如，是否有相关安全作业指南和危险作业、预防措施、紧急事件处理机制和相关责任制度等，是否有使用童工，是否按规定支付职工的工资和福利待遇，是否有安全生产和急救知识培训，是否为作业人员(或要求作业人员)配备必需的、可用的工具、机器设备以及防护装备，尤其是易发生安全事故的高危作业(如使用杀虫剂、采集运作业），是否为作业人员配备的安全防护装备、讲解安全知识。

13.2.2 职工权益的保障与实现

标准要求森林经营单位提供保障职工权益的措施，采取多种措施，鼓励职工参与森林经营决策。

第14章

术语和定义

14.1 森林

以乔木为主体，包括其他植物、动物和微生物，具有一定空间和密度，林木之间、林木与各种生物之间以及环境因子之间相互影响，并能显著影响周围环境的植物群落。

14.2 森林分类经营

根据经济社会对森林生态效益、经济效益两大需求，按照森林多功能主导利用的原则，相应地将森林区划为不同的森林类别，并分别按各自的特点和规律运营的一种经营管理体制和经营模式。

14.3 商品林

以生产木材和提供其他林特产品，获得最大经济产出等满足人类社会的经济需求为主导功能的森林、林地、林木。包括用材林、薪炭林和经济林。

14.4 生态公益林

以维护和创造优良生态环境，保持生态平衡，保护生物多样性等满足人类社会的生态需求和可持续发展为主题功能，主要提供公益性、社会性产品或服务的森林、林木、林地。包括防护林和特种用途林。

14.5 森林经营

森林经营是组织规划和实施培育森林各种技术措施活动的总称，主要包括森林主伐更新、更新采伐、森林抚育、林分改造、封山(沙)育林等生产经营活动。

14.6 森林可持续经营

森林作为生态系统具有多种经济利益和环境价值，以及决策过程中的广泛公众参与。其目的在于保证森林连续有效地满足当代人们的物质生产、文化精神生活和无形的利益需求，而且有利于长期的经济与社会发展。

14.7 林分

指起源、林龄、树种组成、密度、蓄积量等林学特性相同或基本相似，并与周围环境有明显区别的森林地段。

14.8 林地经济开发

指主林层木材产品经营以外的其他森林空间经营利用

活动。

14.9　单层林

林内所有林木的树冠高度相差不超过20%，形成一层林冠的林分。

14.10　复层林

具有两个或两个以上林层的林分。

14.11　纯林

由一个树种、品种组成或由两个或两个以上树种(组)组成，但其中一个树种(组)株数或断面积或蓄积量占总株数或总断面积或总蓄积量65%以上的林分。

14.12　混交林

由两个或两个以上树种组成的林分，其中任一树种的株数或断面积或蓄积量占总株数或总断面积或总蓄积量65%以下，而且能够较长时间形成稳定群体的林分。

14.13　人工落叶松林

人工起源的落叶松蓄积或株数占总蓄积或总株数65%以上的林分。

14.14 人工红松林

人工起源的红松蓄积或株数占总蓄积或总株数 65% 以上的林分。

14.15 人工红松果材林

人工起源的红松林分，通过抚育等一系列经营管理措施促进林木结实，以生产大量优质果实和培育大径阶木材为目标的林分。

14.16 天然柞树林

天然起源的、柞树树种组成占 6 成以上的林分。

14.17 标准地

根据调查目的和要求，在林内选择具一定面积和代表性的能反映待测林分平均指标的地段。

14.18 采伐强度

采伐和保留林木的程度。常用采伐木的蓄积(或株数)占采伐小班蓄积(或总株数)的百分率表示。一般根据森林的生长与立木之间的数量关系，在不同的生长阶段按照合理的密度确定。确定合理的强度可依据采伐蓄积、最适株数、郁闭度等方法。

14.19 高保护价值森林

所有森林除具有经济价值外，都包含环境和社会价值。当森林所具有的环境和社会价值具有特别重要的意义时，这些森林定义为高保护价值森林。

14.20 森林采伐

对森林和林木所进行的根据生产需要和树木的生产特性，将森林中的林木伐倒和集运出伐区，并清理和恢复森林的一项经营活动。

14.21 伐区

同一年度内用相同采伐类型进行采伐作业的在地域上相连的森林地段，是森林采伐作业设计、施工、管理与监督的基本单位。

14.22 缓冲区

为保护作业区域内溪流、湖泊、湿地的水环境或在周边划定的不应采伐、机械进入或经营作业而保留的森林地段。

14.23 禁伐区

按国家、地方政府法律法规和有关规定不应进行任何采伐活动的森林地域。

14.24 限伐区

按国家、地方政府法律法规和有关规定只应进行抚育、改造、更新等非商业性采伐活动的森林地域。

14.25 常年性溪流

正常气候条件下多数年份有明显水流，在这些溪流中水生生物正常存在并可以被发现。

14.26 间歇性溪流

在一年的降雨季节有明显的水流但不是整年都有，水流速度可以冲走土壤物质、枯枝落叶和较小植物残体，水生生物很难发现或不存在。

14.27 临时性溪流

常指排水沟、冲刷地或干涸水洼，正常情况下没有明显的河道，只在降雨期间或其后有很短时间的水流。在临时性溪流中经常出现枯枝落叶、地被物和其他森林凋落物，没有水生生物。

参考文献

下列文件对于本文件的应用是必不可少的。凡是注日期的引用文件，仅所注日期的版本适用于本文件。凡是不注日期的引用文件，其最新版本（包括所有的修改单）适用于本文件。

1. GB 6000　主要造林树种苜木质量分级

2. LY 1000　容器育苗技术

3. LY/T 1646—2005　森林采伐作业规程

4. 林资发〔2009〕241 号　县级森林可持续经营规划编制指南

5. GB/T 15783　主要造林树种林地化学除草技术规程

6. 全国森林资源经营管理分区施策导则

7. LY/T 1594—2002　中国森林可持续经营标准与指标

8. GB/T 15776—1995　造林技术规程

9. LY/T 1629—2005　红松果材林丰产技术规程

10. GB/T 15163—2004　封山（沙）育林技术规程

11. DB21/1724—2009　日本、长白落叶松速生丰产大径木林培育技术规程

12. DB21/T 2020—2012　落叶松—红松复层林营建技术

13. DB21/T 706—2013　森林经营技术规程

14. DB21/T 1944—2012　多功能林经营技术规程

15. 辽宁省清原满族自治县森林可持续经营规划

附表：

附表1 森林经营类型经营措施

森林经营类型名称	森林经营类型代码	适用立地类型	主要培育目标	主伐或更新伐的年龄/径阶	各龄组主要育林作业措施				
					造林措施	幼林抚育措施	中龄林抚育措施	采伐方式	说明
针叶林重点水源涵养林	1111	无限制	以水源涵养、保持水土为目的，严禁木材生产性的抚育和采伐	61年	Ⅰ、Ⅱ级苗木，栽植密度1.5m×1.5m	未郁闭前应注意保护地表，不让大面积裸露，防止病虫害，12～15年透光抚育1～2次，强度30%～40%（株数），保留株树1900～2300株/hm^2	30年左右进行生长伐，间伐对象坚持留优去劣、留匀去密原则，强度30%～45%，保留株数1150～1500株/hm^2	更新伐	
针阔林重点水源涵养林	1112	无限制	以水源涵养、保持水土为目的，严禁木材生产性的抚育和采伐	100年		15年前针阔叶树处于上层应伐除过密杂树；20年时树种比应控制在红：阔为6:4或5:5，保留株数3000～3500株/hm^2	上层抚育间伐，伐除对红松生长影响严重的阔叶树，针：阔为7:3或6:4（株数），抚育强度35%～45%，保留株数1500～2000株/hm^2	更新伐	
阔叶林重点水源涵养林	1113	无限制	以水源涵养、保持水土为目的，严禁木材生产性的抚育和采伐	100年	天然实生萌芽更新或人工促进	对天然更新等级中等以上的林分进行封山。天然更新差的林分应人工促进，20年检查封育效果，对萌芽条留优去劣，目的树种在胸径6cm左右时，保留株数2400～2900株/hm^2	轻度择伐部分上层老树和过密树丛，严守选木原则。促进树木生长胸径为15cm左右时，保留株数1000株/hm^2左右，密度不够的可进行人工补植和天然下种	更新伐	

（续）

森林经营类型名称	森林经营类型代码	适用立地类型	主要培育目标	主伐或更新伐的年龄/径阶	各龄组主要育林作业措施				
					造林措施	幼林抚育措施	中龄林抚育措施	采伐方式	说明
重点水土保持林	1114	无限制	以保持水土，稳定山体坡面，防止表土大量流失为目的	100 年	天然更新或人工促进天然更新	封山育林，不进行任何破坏地表的经营活动	继续封山，促进形成乔、灌、草相结合的地被和复层林相，进行轻度的卫生伐	卫生伐，仅除去老龄木，便于林下更新和萌发	
一般水土保持林	1115	无限制	以保持水土、减缓地表径流为主，可低强度的间伐和择伐部分林木	61～81 年	天然更新或人工促进更新	封山育林，对萌芽条留优去劣，林中空地进行补植，合理密度，可进行轻度透光抚育	抚育间伐株数强度<20%诱导形成多层林相，保留株数2000～2500 株/hm^2	上层林木成熟后，在1～2 个经理期内择伐更新。坡下部留出 20～30m 的缓冲带，仅进行卫生伐	
林内养殖兼用防护林	1121	特定	林蛙						
		特定	茸鹿						
林下种殖兼用防护林	1122	无限制	林药(参)	61～81 年	为达到适于药、参等生长的林间环境，可采取适当的抚育措施，伐除多余的乔木、清出枯立木、树枝、小灌木等，使树木分布均匀、相对稀疏、郁闭度0.6～0.8				

（续）

森林经营类型名称	森林经营类型代码	适用立地类型	主要培育目标	主伐或更新伐的年龄/径阶	各龄组主要育林作业措施				
					造林措施	幼林抚育措施	中龄林抚育措施	采伐方式	说明
自然保护林	1231	特定	保护野生动植物，保护天然林，形成天然屏障			林分减少森林作业设计，加强人工保护			
风景林	1232	特定	提高林分景观效应			减少森林作业设计，加强人工保护			
国防林	1233	特定	以保护、遮蔽军事基地和军事设施为目的		人工或天然更新，加大造林密度	封山育林，如是人工落叶松林应在14年左右进行透光伐，强度30%左右	天然林，应合理疏伐留优去劣，郁闭度≥0.7，人工诱导形成复层林，进行适度卫生伐	分2～3次间伐和择伐，同时进行冠下更新	
良种繁育林	1234	特定	以繁育良种为目的的母树林、种子园和采穗园（以落叶松母树林为例）			林龄12年时开始透光抚育，郁闭度>0.6，方式为综合间伐，严守留优去劣间密留稀原则，并修枝萌芽加强保护	结实前，进行定株抚育，保留株数350株/hm^2左右	卫生伐	

（续）

森林经营类型名称	森林经营类型代码	适用立地类型	主要培育目标	主伐或更新伐的年龄/径阶	各龄组主要育林作业措施				
					造林措施	幼林抚育措施	中龄林抚育措施	采伐方式	说明
落叶松工业原料林	2341	L1401、L1402、L1601、L1602	培育短轮伐期落叶松（5年以下）	25年	Ⅰ、Ⅱ苗木，栽植密度1.5m×2m	幼龄林共进行5次抚育，主要伐除劣质林木和非目的树种，以及影响林木正常生长的藤条和灌木	18～20年进行一次生长抚育，伐出Ⅳ、Ⅴ级林木，保留株数900～1050株/hm^2	小面积皆伐	选择立地类型好的宜林地、灌木林地、无立木林地、荒山进行造林和在现有的未成林造林地中选择
白桦工业原料林	2342	L1404、L1405、L1604、L1605	培育人工阔叶林，调整树种结构	25年	Ⅰ、Ⅱ级苗木，栽植密度1.5m×1.5m	郁闭前不要大强度铲草抚育，主要对密度大的进行间伐	15～18年根据林分情况适宜的进行一次生长抚育，伐除劣质林木和清除病死木、枯立木	小面积皆伐	
赤杨工业原料林	2343	L1403、L1406、L1603、L1606	培育人工阔叶林，调整树种结构	25年		郁闭前不要大强度铲草抚育，主要对密度大的进行间伐	18～22年根据林分情况适宜的进行一次生长抚育，伐除劣质林木和清除病死木、枯立木	小面积皆伐	

（续）

森林经营类型名称	森林经营类型代码	适用立地类型	主要培育目标	主伐或更新伐的年龄/径阶	各龄组主要育林作业措施				
					造林措施	幼林抚育措施	中龄林抚育措施	采伐方式	说明
落叶松速生丰产林	2351	L1403、L1406、L1603、L1606	培育短轮伐期落叶松	25 年	Ⅰ、Ⅱ级苗木，栽植密度 1.5m×1.5m，施化肥，蘸泥浆	幼龄林共进行 5 次抚育，伐除劣质林木和非目的树种，以及影响林木正常生长的藤条和灌木	15～18 年进行一次透光抚育，保留株数 1650～1950 株/hm^2；根据林分情况进行生长抚育，最后保留株数≥900 株/hm^2	小面积皆伐	
红松大径材果材兼用林	2361	L1304、L1101、L1305、L1202、L1102、L1404	形成果材兼用林，提高森林的生态和经济效益	81 年	Ⅰ、Ⅱ级苗木，栽植密度 2～2.5m×2～3m	幼龄林共进行 7 次抚育，主要伐除劣质林木和非目的树种，以及影响林木正常生长的藤条和灌木。14～16 年进行第一次透光抚育，保留株数 2000 株/hm^2；25～27 年进行第二次抚育间伐，保留株数 1300 株/hm^2	34～36 年进行第三次抚育间伐，间伐强度为 30%～35%，保留株数 900 株/hm^2，适当伐除阔叶树；45～48 年进行第四次抚育间伐，保留株数 700～800 株/hm^2	更新伐	

（续）

森林经营类型名称	森林经营类型代码	适用立地类型	主要培育目标	主伐或更新伐的年龄/径阶	各龄组主要育林作业措施				
					造林措施	幼林抚育措施	中龄林抚育措施	采伐方式	说明
云冷杉大径材用材林	2362	L1301、L1302、L1304、L1101、L1305、L1202、L1102、L1404	培育大径林木，提高林分产量	81 年	Ⅰ、Ⅱ级苗木，栽植密度 1.5m × 2m	幼龄林共进行 7 次抚育，主要伐除劣质林木和非目的树种，以及影响林木正常生长的藤条和灌木。14 ~ 16 年进行第一次透光抚育，保留株数 2000 株/hm^2；25 ~ 27 年进行第二次抚育间伐，保留株数 1300 株/ hm^2	34 ~ 36 年进行第三次抚育间伐，间伐强度为 30% ~ 35%，保留株数 900 株/ hm^2，适当伐除阔叶树；45 ~ 48 年进行第四次抚育间伐，保留株数 700 ~ 800 株/ hm^2	更新伐	
赤松、樟子松中小用材林	2363	L1409、L1503、L1506、L1507、L1508、L1509	培育中小径材林木	小径材胸径≤12cm，中径材胸径≤18cm		1 ~ 2 年带状抚育，3 年时全面割草一次，郁闭后封山育林；13 ~ 16 年进行第一次透光抚育，保留株数 2200 ~ 2300 株/ hm^2	24 年进行第一次生长抚育，间伐强度 25% ~ 35%，保留株数 1450 ~ 1750 株/ hm^2；33 ~ 35 年进行第二次生长抚育，保留株数 1000 ~ 1200 株/ hm^2，适当保留色木、黄波罗等阔叶树种		培育现有的林分，不提倡新造林

（续）

森林经营类型名称	森林经营类型代码	适用立地类型	主要培育目标	主伐或更新伐的年龄/径阶	各龄组主要育林作业措施				
					造林措施	幼林抚育措施	中龄林抚育措施	采伐方式	说明
落叶松中小径材用材林	2364	L1303、L1306、L1307、L1308、L1201、L1104、L1103、L1407、L1408、L1503、L1506、L1507、L1508、L1509、L1607、L1608、L1609	培育中小径材林木	小径材胸径≤12cm，中径材胸径≤18cm	Ⅰ、Ⅱ级苗木，栽植密度1.5m×2m	幼林共进行5次抚育，主要伐除劣质林木和非目的树种，以及影响林木正常生长的藤条和灌木，预防病虫害发生	14～15年进行第一次透光抚育，蓄积强度10%～15%，保留株数1950～2000株/hm^2；18年进行第二次透光抚育，强度20%～25%，保留株数1550株/hm^2左右；24年可进行生长抚育，保留株数1150～1200株/hm^2	小面积皆伐	

（续）

森林经营类型名称	森林经营类型代码	适用立地类型	主要培育目标	主伐或更新伐的年龄/径阶	各龄组主要育林作业措施				
					造林措施	幼林抚育措施	中龄林抚育措施	采伐方式	说明
落叶松大径材用材林	2365	L1301、L1302、L1304、L1101、L1305、L1202、L1102、L1404、L1405、L1403、L1406、L1501、L1504、L1502、L1505、L1604、L1605、L1603、L1606	培育大径材林木	胸径达到26cm以上	Ⅰ、Ⅱ级苗木，栽植密度1.5m×2m	幼林共进行5次抚育，主要伐除劣质林木和非目的树种，以及影响林木正常生长的藤条和灌木，预防病虫害发生	14～16年进行第一次抚育间伐，保留株树1950～2000株/hm^2；21～24年进行生长抚育，保留1200～1250株/hm^2；27～30年进行第二次生长抚育，保留株树750～800株/hm^2	小面积皆伐	

（续）

森林经营类型名称	森林经营类型代码	适用立地类型	主要培育目标	主伐或更新伐的年龄/径阶	各龄组主要育林作业措施				
					造林措施	幼林抚育措施	中龄林抚育措施	采伐方式	说明
油松中小用材林	2366	L1102、L1404、L1405、L1403	培育中小径材林木	小径材胸径≤12cm，中径材胸径≤18cm	Ⅰ、Ⅱ级苗木，栽植密度1.5m×2m	1～2年带状抚育，3年时全面割草一次，郁闭后封山育林。13～16年进行第一次透光抚育，保留株数2200～2300株/hm^2	21～22年进行第一次生长抚育，间伐强度25%～35%，保留株数1450～1750株/hm^2；25～27年第二次生长抚育，保留株数1000～1200株/hm^2，适当保留色木、黄波罗等阔叶树种	小面积皆伐	

（续）

森林经营类型名称	森林经营类型代码	适用立地类型	主要培育目标	主伐或更新伐的年龄/径阶	各龄组主要育林作业措施				
					造林措施	幼林抚育措施	中龄林抚育措施	采伐方式	说明
柞树大径材用材林	2371	L1301、L1302、L1304、L1101、L1305、L1202、L1102、L1404、L1405、L1403、L1406、L1501、L1504、L1502、L1505、L1604、L1605、L1603、L1606、L1401、L1402、L1601	培育大径材林木	61 年	天然下种更新或人工促进天然更新	封山育林	郁闭度低于 0.7 的林分进行封山育林；密度大的进行抚育间伐。伐除原有蓄积的 10% ~ 20%，保留株数 1350 ~ 1500 株/hm^2，并采取综合抚育法，对枯立木、病虫害木、被压木、弯曲木以及妨碍优良树木生长的林木应伐除；第二次保留株数 1050 ~ 1200 株/hm^2，第三次保留株数 800 株/hm^2 左右	更新伐	

（续）

森林经营类型名称	森林经营类型代码	适用立地类型	主要培育目标	主伐或更新伐的年龄/径阶	各龄组主要育林作业措施				
					造林措施	幼林抚育措施	中龄林抚育措施	采伐方式	说明
柞树中小径材用材林	2372	除柞树大径材用材林的所有立地类型	培育中小径材林木		天然下种更新或人工促进天然更新	封山育林	郁闭度低于0.7的林分进行封山育林；密度大的进行第一次抚育间伐，保留株数1800～2400株/ hm^2，第二次抚育的保留株数1200～1500株/ hm^2，并采用综合抚育法进行留优去劣，最后一次抚育保留株数900～1050株/ hm^2	更新伐	
胡桃楸果材兼用林	2373		提高林木质量，形成果材兼用林	更新林龄向后延长Ⅲ个龄级	在商品林、公益林（特殊保护区的公益林除外）林龄11～40年中，胡桃楸占树木组成40%以上的、面积不低于2hm^2的林分，通过透光、生长、卫生抚育措施进行间伐，蓄积强度控制在35%以下，使林分中的优势树胡桃楸占60%以上			更新伐	

（续）

森林经营类型名称	森林经营类型代码	适用立地类型	主要培育目标	主伐或更新伐的年龄/径阶	各龄组主要育林作业措施				
					造林措施	幼林抚育措施	中龄林抚育措施	采伐方式	说明
针阔混交用材林	2374	无限制	调整林分结构，促使形成针阔混交复层林	61～81年		进行割草割灌一次，伐除无培育前途的用材阔叶幼树，保留有前途的阔叶株数占总数的40%～50%；17～19年进行一次生长抚育，保留株数2000株/ hm^2，阔叶株数控制在30%～40%	25～27年、34～36年、45～48年分别进行3次生长抚育，伐去霸王树以及树冠庞大的阔叶树，最后保留株数700～750株/ hm^2，阔叶树占30%～40%	更新伐	
软阔中小径材用材林	2375	无限制	培育中小径材。胸径≤18cm	41～61年	天然更新或人工促进天然更新	封山育林	郁闭度低于0.7的林分进行封山育林；密度大的进行第一次抚育间伐，保留株数1800～2400株/ hm^2，第二次抚育的保留株数1200～1500株/hm^2，并采用综合抚育法进行留优去劣，最后一次抚育保留株数900～1050株/ hm^2	更新伐	

（续）

森林经营类型名称	森林经营类型代码	适用立地类型	主要培育目标	主伐或更新伐的年龄/径阶	各龄组主要育林作业措施				
					造林措施	幼林抚育措施	中龄林抚育措施	采伐方式	说明
硬阔中小径材用材林	2376	无限制	培育中小径材。胸径≤18cm	61～71年	天然更新或人工促进天然更新	封山育林	郁闭度低于0.7的林分进行封山育林；密度大的进行第一次抚育间伐，保留株数1800～2400株/hm^2，第二次抚育的保留株数1200～1500株/hm^2，并采用综合抚育法进行留优去劣，最后一次抚育保留株数900～1050株/hm^2	更新伐	
薪炭林用材兼用林	2381		以培育速生高产的薪炭林分为主，并生产少量用材。产量指标为500～700kg/(年·亩)	51年	下层轮伐期5年	天然更新或平茬萌芽更新	上层只保留赤松、油松和少量优良阔叶树。下层5年进行一次平茬（4次），促进萌芽	上层木留优去劣，保留株数500～1000株/hm^2，下层树种每5年进行一次平茬	上层抚育间伐

（续）

森林经营类型名称	森林经营类型代码	适用立地类型	主要培育目标	主伐或更新伐的年龄/径阶	各龄组主要育林作业措施				
					造林措施	幼林抚育措施	中龄林抚育措施	采伐方式	说明
乔木经济林	2391		培育优质高产的乔木经济林	26 年		栽植后 1 ~ 4 年，每年 1 ~ 2 次除草松土，施有机肥，并注意防治病虫害	5 ~ 10 年生，是初果期，继续定株抚育，培土、施肥、浇水，适当修枝。25 年前是盛果期，每年修枝，加强土、肥、水管理，加固弱枝		
蚕场	2392	特定	为柞蚕饲养提供饲料的基地，适当集中连片	5 ~7 年	萌生，人工根墩补植和更新	培育抚育，促进根墩萌芽（15 枝/墩左右），每亩保留 140 墩以上，藤条 2 ~ 3 年时，进行中刈；保留墩数 200 墩/亩左右林分，可采用根刈。保留窝茧区和保苗区，砍掉 7 年生的产叶量少、质差的老萌生条，提高蚕场覆盖率（90%），每个蚕场保留 3 亩左右保苗区。经 7 ~8 个轮伐期后，更除老根（老桩）			限期退蚕还林，改山上放养为室内放养

附表 2　主要功能区区划

主要功能区	功能区范围
水源地保护	河流及水域缓冲区
生物多样性保护	保护区核心区
	保护区缓冲区
	保护区实验区
	生物多样性保护小区
典型森林景观保护	森林公园
	国家公益林
	公路两侧具有重要生态景观功能的区域
	主要公路缓冲区
	主要铁路缓冲区
	其他具有重要森林游憩功能等的生态景观区
环境保护	主要居民点及工矿企业周边具有重要生态景观功能的区域

附表 3　不同管理类型和功能区约束条件

管理类型	所在功能区	主要经营措施和约束条件
严格保护	自然保护区、河流缓冲区等重要生态区位的国家公益林	原则上不允许任何经营性采伐作业，部分生态区位相对不重要的国家公益林可依照国家相关技术规程进行抚育
重点保护	除严格保护外的国家公益林和生态功能区	经营强度小，不允许皆伐作业
保护经营	各生态功能区中的商品林	经营强度小，相邻小班在 5 年内不允许连续主伐作业，严格控制林分龄级结构，20 年内将幼龄林面积调整到 30% 以内，100 年内将幼龄林面积调整到 20% 以内
集约经营	生态功能外的其他区域	经营强度大，完全按森林经营技术规程要求进行采伐

附表 4　森林经营类型划分

森林类别	林种	森林经营类型组	森林经营类型名称
公益林	防护林	防护专用经营类型组	针叶林重点水源涵养林
			针阔林重点水源涵养林
			重点水土保持林
			一般水土保持林
	特用林	特用林经营类型组	自然保护林
			风景林
			国防林
			良种繁育林
商品林	用材林	工业原料林经营类型组	落叶松工业原料林
		速生丰产经营类型组	落叶松速生丰产用材林
		常规人工林经营类型组	红松大径材果材兼用林
			落叶松中小径材用材林
			落叶松大径材用材林
		常规天然林经营类型组	柞树大径材用材林
			柞树中小径材用材林

附表 5　天然林修正检查法森林经营技术指标一览表

地位级	直径组	胸径（cm）	方案一		方案二		方案三		林分蓄积量（m^3/hm^2）
			目标蓄积比例（%）	株数调整比例（%）	目标蓄积比例（%）	株数调整比例（%）	目标蓄积比例（%）	株数调整比例（%）	
高地位级	小径木	≤16	20	62	20	59	20	57	201
	中径木	18～26	30	22	40	29	50	34	
	大径木	≥28	50	16	40	12	30	9	
中地位级	小径木	≤14	20	67	20	65	20	62	151～200
	中径木	16～24	30	20	40	25	50	31	
	大径木	≥26	50	13	40	10	30	7	
低地位级	小径木	≤12	20	74	20	72	20	69	90～150
	中径木	14～22	30	16	40	20	50	25	
	大径木	≥24	50	10	40	8	30	6	

附件：

附件 1

ICS 65.020.40

B 60

DB21

辽　宁　省　地　方　标　准

DB21/T 706—2013

代替 DB21/706—2009

森林经营技术规程

2013-09-18 发布　　　　2013-10-18 实施

辽宁省质量技术监督局　　发布

目 次

前　言

本标准依据 GB/T 1.1—2009 的规则起草。

本标准代替 DB21/ 706—2009《森林经营技术规程》。本标准与 DB21/ 706—2009 相比，主要有以下变化：

——修改了标准的性质为推荐性标准；

——增加了部分引用文件和术语定义；

——调整了森林主导功能分类；

——增加了主要森林类型培育目标；

——修改了林木分级的内容和结构；

——增加了商品林和公益林的经营原则；

——调整了森林抚育的对象，增加了补植、修枝等抚育方式；

——修改了抚育开始时间和间隔期；

——修改了抚育采伐适宜保留株数及适用径阶范围；

——增加了国家级公益林管理相关内容；

——调整了人工林皆伐条件和面积、改造方式与面积等控制指标。

本标准由辽宁省林业厅提出并归口。

本标准起草单位：省森林经营研究所、省实验林场、省林业厅造林经营处、省林业厅森林资源管理处、省林业调查规划院、省杨树研究所、省固沙造林研究所、省林业厅科技处、省经济林研究所。

本标准主要起草人：谭学仁、王珏、张云江、王世铭、洪泓、詹劲昱、杨志岩、宋晓东、陈凡、王仕海、徐军、李宁、胡丹、王玲、胡伟平、高源、王超、方贵儒、刘胜利、张明宏、姚荣升、李国升、陈敏、刘瀛。

森林经营技术规程

1 范围

本标准规定了森林经营的术语和定义，森林经营管理分区与主要森林类型培育目标，林木分级，商品林经营，公益林经营，林地综合开发利用，森林、林木采伐设计等技术指标。

本标准适用于森林的经营管理。

2 规范性引用文件

下列文件对于本文件的应用是必不可少的。凡是注日期的引用文件，仅所注日期的版本适用于本文件。凡是不注日期的引用文件，其最新版本(包括所有的修改单)适用于本文件。

GB/T 15163　封山(沙)育林技术规程

GB/T 15776　造林技术规程

GB/T 18337.1　生态公益林建设 导则

GB/T 18337.3　生态公益林建设 技术规程

GB/T 26424　森林资源规划设计调查技术规程

LY/T 1058　日本落叶松速生丰产林

LY/T 1495　杨树人工速生丰产用材林

LY/T 1557　名特优经济林基地建设技术规程

LY/T 1559　红皮云杉人工林速生丰产技术

LY/T 1572　东北、内蒙古天然次生林经营技术

LY/T 1646　森林采伐作业规程

LY/T 1672　长白落叶松、兴安落叶松纸浆林培育技术规程

LY/T 1716　杨树栽培技术规程

LY/T 1724　短轮伐期和速生丰产用材林采伐作业规程

LY/T 2007　森林经营方案编制与实施规范

LY/T 2008　简明森林经营方案编制技术规程

HJ/T 338　饮用水水源保护区划分技术规范

DB21/T 678—1992　薪炭林

DB/2100B65001　标准地调查技术规则

DB21/T 1690　红松无性系果林营建技术规程

DB21/T 1691　红松果材兼用林营建技术规程

DB21/T 1724　日本落叶松、长白落叶松速生丰产大径木林培育技术规程

3　术语和定义

下列术语和定义适用于本标准。

3.1　森林

以乔木为主体，包括其他植物、动物和微生物，具有一定的面积空间和密度，林木之间、林木与各种生物之间以及与环境因子之间相互影响，并能显著影响周围环境的植物群落。

3.2　商品林

以生产木材和提供其他林特产品，获得最大经济产出等满足人类社会的经济需求为主体功能的森林、林木、林地。包括用材林、薪炭林和经济林。

3.3　(生态)公益林

以维护和创造优良生态环境，保持生态平衡，保护生物多样性等满足人类社会的生态需求和可持续发展为主体功能，主要提供公益性、社会性产品或服务的森林、林木、林地。包括防护林和特种用途林。

3.4　森林经营

是组织规划和实施培育森林各种技术措施活动的总称。

主要包括森林主伐更新、更新采伐、森林抚育、林分改造、封山(沙)育林等生产经营活动。

3.5 天然林

是指通过天然下种、人工促进天然更新或萌生形成的森林、林木、灌木林。

3.6 人工林

是指通过植苗(包括植苗、分植、扦插)、直播(穴播或条播)或飞播方式形成的森林、林木、灌木林。

3.7 单层林

林内所有林木的树冠高度相差不超过20%，形成一层林冠的林分。

3.8 复层林

具有两个或两个以上林层的林分。

3.9 纯林

由一个树种、品种组成或由两个或两个以上树种(组)组成，但其中一个树种(组)株数或断面积或蓄积量占总株数或总断面积或总蓄积量65%以上的林分。

3.10 混交林

由两个或两个以上树种组成的林分，其中任一树种的株数或断面积或蓄积量占总株数或总断面积或总蓄积量的65%以下，而且能够较长时间形成稳定群体的林分。

3.11 优势树种

指一个树种对其群落的影响程度较大，该种在单位面积上的蓄积、生物量或林冠覆盖面积所占群落总量的比例较大的树种。

3.12 目的树种

适合当地立地条件、能够稳定生长、符合经营目的的树种。

3.13 主林层

当森林演替到一定阶段时，处于最上部的层次群体为主林层。

[LY/T 1572—2000，定义 5.10]

3.14 亚林层

在复层异龄混交林中，将平均高低于主林层 15%~20% 的第二层群体称为亚林层。

[LY/T 1572—2000，定义 5.11]

3.15 演替层

在林内主林层以下，超过 1.5m 高度以上的幼树。

[LY/T 1572—2000，定义 5.12]

3.16 更新层

在林内演替层以下的幼苗或幼树。

[LY/T 1572—2000，定义 5.13]

3.17 霸王树

指在林分中处于主林层上方，树冠庞大，无培育前途，影响主林层林木正常生长的树木。

3.18 主伐更新

为获取木材而对用材林中成熟林和过熟林林分所进行的采伐利用，同时培育新一代幼林的全部过程。主伐方式包括皆伐、渐伐和择伐。

3.19 皆伐

将伐区内的林木一次全部伐除或几乎全部伐除的主伐方式。

[LY/T 1646—2005，定义 3.9]

3.20 渐伐

在较长时间内（通常为一个龄级期），分数次将成熟林分逐渐伐除的主伐方式。

[LY/T 1646—2005，定义 3.11]

3.21 择伐

指在同一林分内，每隔一定时期，单株或群状地采伐达到一定径级或具有一定特征的成熟林木的主伐方式。

［LY/T 1646—2005，定义3.10］

3.22　更新采伐

为了恢复、提高或改善防护林和特用林的生态功能，进而为林分的更新创造良好条件所进行的采伐。

［LY/T 1646—2005，定义3.22］

3.23　人工更新

在采伐、火烧等迹地上利用人工植苗、直播、插条等方法，形成新一代森林的过程。

3.24　天然更新

利用森林的自然恢复能力，重新形成新一代森林的过程。

3.25　人工促进天然更新

采用人工辅助措施，促进和保证森林天然更新的过程。

3.26　封山(沙)育林

对具有天然下种或萌蘖能力的疏林地、无立木林地、宜林地、灌丛实施封禁，保护植物的自然繁殖生长，并辅以人工促进手段，促使恢复形成森林或灌草植被；以及对低质、低效有林地、灌木林地进行封禁，并辅以人工促进经营改造措施，以提高森林质量的一项技术措施。

［GB/T 15163—2004，定义3.1］

3.27　森林抚育

指从幼林形成到森林成熟前，围绕培育目标所采取的各种营林措施的总称，包括补植、浇水、施肥、割灌除草、修枝、抚育采伐等。

3.28　割灌除草

清除妨碍林木、幼树、幼苗生长的灌木、藤条和杂草的森林抚育措施。

3.29　定株抚育

在幼林中，林分郁闭初期密度过大或同一穴中种植(萌生）多株幼苗时，合理选择保留木，按照适宜保留密度伐除其他植株以保证保留木生长空间的森林抚育措施。

3.30　透光抚育

在林分形成初期，通过伐除影响目的树种生长的非目的树种、杂草、灌木、藤本植物及部分目的树种中生长不良的林木，促进目的树种正常生长发育、调整林分组成、改善林分结构的森林抚育措施。

3.31　生长抚育

在商品林中通过伐除部分林木，调整林分密度与结构，缓解林木之间的竞争，促进林木生长，提高林分蓄积和质量而进行的森林抚育措施。

3.32　生态疏伐

在公益林中通过伐除部分林木，调整林分密度与结构，缓解林木的生长竞争，丰富生物多样性，增强森林生态系统稳定性与生态功能而进行的森林抚育措施。

3.33　景观疏伐

对风景林按森林美学的原理，改造或塑造森林景观，创造自然景观异质性的森林抚育措施。

3.34　卫生抚育

指为改善森林的卫生状况、促进林木健康生长，有选择性地伐除已被危害、丧失培育前途林木的森林抚育措施。

3.35　修枝抚育

指人为地修剪树冠下部的枯枝及部分活枝的森林抚育措施。

3.36　下层抚育

按树木生长势从劣到优的顺序进行采伐，主要采伐处于林冠下层生长势弱、径级较小的被压木、濒死木和枯立木以及个别干形不良木的抚育方式。

3.37　上层抚育

主要采伐抑制目的树种生长的上层林木以及林冠下层的

濒死木、枯立木、个别干形不良木，为目的树种生长创造良好的生长空间的抚育方式。

3.38　分层抚育

对于复层林，通过伐除上层林木中干扰树、亚林层中的非目的树种和其他妨碍目标树与辅助树生长的林木，并清除影响更新层目的树种生长的灌木、藤本植物、杂草等的抚育方式。

3.39　机械抚育

按行(列)及隔株等机械方式进行间伐的抚育方式。

3.40　综合抚育

针对单一抚育方式无法达到抚育目的的林分，而采取的不同林层抚育、结构调整、补植、修枝等综合措施的森林抚育方式。

3.41　林分改造

指通过科学的营林措施将劣质林分改造成优质高效林分的森林经营活动。改造措施主要包括皆伐改造、择伐改造、斑块改造等。

3.42　低产林改造

指对低产用材林，通过采取伐除劣质低产林木，或引进优良树种等营林措施，使之成为高产、高价值林分的森林经营活动。

3.43　低效林改造

指对低效防护林，通过采取伐除劣质林木、调整林分结构、更新树种等营林措施，使其成为优质高效防护林的森林经营活动。

3.44　效应带

在林分中有序地开辟一定宽度的并有优化森林环境特点的采伐带。

3.45　斑块改造

指对天然林中的低效防护林，根据原有植被分布及立地条件特点，通过斑块(带)状采伐、保留原有植被，对采伐斑块(带)选择适宜树种进行人工更新，形成人工更新与保留的原有植被斑块(带)状混交林的森林经营活动。

3.46　林窗

指处于林冠空隙下，仍保持森林环境特点、面积在 $25m^2$ 以上的林内空地。

[GB/T 18337.1—2004，定义 2.18]

3.47　采伐强度

指对林木采伐和保留的程度。用采伐木的蓄积(或株数)占伐前林分总蓄积(或总株数)的百分率表示。

3.48　林木分化

指在生长条件相同的林分内，林木在高矮、粗细和生活力方面，随着生长发育而表现出来的差异现象。

3.49　自然稀疏

指在一定密度的林分内，林木随着林龄的增长，出现林木自然濒死、枯死，使林分密度自然降低的现象。

3.50　郁闭度

林分中林木树冠的垂直投影面积与林地总面积之比。用十分法表示。

3.51　林带疏透度

是林带垂直断面的透光面积与总断面积的比值。用十分法表示。

3.52　力枝

指树木的最长枝(树冠最宽处的枝条)。

3.53　跳石塘

由于自然原因形成的裸露石块相互搭接，漏孔较大，呈条状或块状分布，凹凸不平的地貌。

3.54　森林经营作业设计

是对将要进行作业施工的小班，在通过对森林资源详细调查的基础上，对作业量、技术措施、作业设施以及投资收益等方面进行科学测算、计划和安排的总称。

3.55　标准地

根据调查目的和要求，在林内选择具有一定面积和代表性的能反映待测林分平均标志的地段。

3.56　森林经营方案

是森林经营单位依据林业方针、政策、法规、技术规程和最新森林资源二类调查或资源变档成果，为合理组织林业生产、科学经营森林所编制的林业规划设计文件。

4　森林经营管理分区与主要森林类型培育目标

森林经营管理分区见附录 A(资料性附录)，主要森林类型培育目标见附录 B(资料性附录)。

5　林木分级

5.1　纯林的林木分级

——Ⅰ级木(优势木)：树干通直圆满，树体高大，生长旺盛，树冠处于林冠层上部的林木；

——Ⅱ级木(亚优势木)：直径、树高仅次于优势木，树冠稍高于林冠层平均高度，发育较好的林木；

——Ⅲ级木(中等木)：直径、树高中等，树冠构成林冠层主体的林木；

——Ⅳ级木(被压木)：树干纤细、树冠窄小或偏冠，处于林冠层平均高度以下，光照和营养不足的林木；

——Ⅴ级木(濒死木或枯死木)：处在林冠层下，得不到正常光照，生长衰弱、濒死或已枯死的林木。

5.2　混交林(异龄林、复层林)的林木分级

——目标树(优良木)：能够满足森林经营最终目标，对林分的稳定性和生产性发挥重要作用且寿命长、质量好、价

值高的林木。优先选择树干圆满通直，天然整枝良好，生长旺盛的林木；

——辅助树(保留木)：有利于促进目标树天然整枝和形成良好干形，对土壤有保护和改良作用，以及伐除后可能出现林窗或林中空地的林木。当目标树采伐利用后，能迅速进入主林层，成长为“后代目标树”的林木；

——干扰树(砍伐木)：枯立木、濒死木、病腐木、被压木、弯曲木、多头木、霸王树，以及非目的树种和其他妨碍目标树与辅助树生长的林木；

——其他树：林分中除目标树、辅助树、干扰树以外的林木。

5.3 林木健康分级

——健康木：林木生长发育良好，枝干发达，树叶大小和色泽正常，能正常结实和繁殖，未受任何灾害；

——亚健康木：林木生长发育较好，树叶偶见发黄、褪色或非正常脱落(发生率10%~30%)，结实和繁殖受到一定程度的影响，轻度或中度受灾；

——不健康木：林木生长发育达不到正常状态，树叶多见发黄、褪色或非正常脱落(发生率30%以上)，生长明显受到抑制，不能结实和繁殖，或受到重度灾害；

——死亡木：林木濒于死亡或已枯死。

6 商品林经营

6.1 商品林的种类

商品林种类见附录C(资料性附录)。

6.2 商品林经营原则

6.2.1 商品林的经营，以满足社会经济发展对林产品需要为主要目的。在生态环境容量不受到严重干扰和破坏的情况下，谋求木质和非木质林产品产量及其经济效益最大化，经营过程中兼顾商品林的生态环境服务功能。营林措施与观念的选择着眼最低成本的可持续产出，保证目前和将来的收获，同时兼顾次要目标。

6.2.2 用材林建设坚持适地适树、多目标培育、速生丰产的原则，发挥林地生产潜力，优先选用乡土树种，兼顾针阔叶树种比例，培育针阔混交林或复层林，增加生物多样性。采伐与更新方式维持持续地力，保护林地，减少环境破坏。

6.2.3 按照因地制宜、用地养地、综合治理、稳定高效的要求，开展林下多种经营，进行多资源开发利用。

6.3 一般用材林经营

6.3.1 主伐更新

6.3.1.1 主伐更新对象

适用于优势树种(组)达到主伐年龄的林分。

6.3.1.2 主要树种(组)的主伐年龄执行附录 D(规范性附录)，龄级期限执行附录 E(规范性附录)。未列入的树种参照附录 D、E 中生物学和生态学特性相近树种(组)的规定执行。

6.3.1.3 主伐方式

包括皆伐、渐伐和择伐三种方式。

6.3.1.3.1 皆伐

适用于成、过熟同龄林或单层林。

a)采用全小班皆伐、块状皆伐或带状皆伐。在地形复杂的山坡地，可设计不规则的块状伐区；在地形比较平坦的地段，根据小班面积与形状设计带状或块状伐区；

b)人工林坡度≤5°时伐区面积≤30hm^2，坡度6°~15°时≤20hm^2，坡度16°~25°时≤10hm^2，坡度26°~30°时≤5hm^2，坡度>30°的不得进行皆伐；

c)天然林坡度≤5°时伐区面积≤15hm^2，坡度6°~15°时≤10hm^2，坡度16°~25°时≤5hm^2，坡度>25°的不得进行

皆伐；

d）在风沙严重区或易引起水土流失的区域，采伐带（块）间要保留相当于采伐面积的林带（块），待采伐迹地更新成林后，方可采伐保留的林带（块）；

e）伐区面积不得大于保留面积，并保留伐区内生长健壮的黄波罗、刺楸等珍贵树种的幼树、幼苗，见附录 O（资料性附录）；

f）对生态重要性或生态脆弱性等级为 1 级的商品林不得进行皆伐，见附录 J（规范性附录）、附录 K（规范性附录）。

6.3.1.3.2 渐伐

适用于天然更新能力强的成、过熟单层林，皆伐后易发生自然灾害（如水土流失等）的成、过熟同龄林或单层林，中小径木株数不足林分总株数 30% 的异龄林。

a）渐伐一般采用二次或三次渐伐，全部采伐更新过程一般不超过 1 个龄级期限；

b）二次渐伐时，第一次采伐林木的蓄积量≤50%，保留郁闭度不小于 0.4；第二次采伐视林下幼树的生长情况，达到成林标准时，伐除上层林木；

c）三次渐伐时，第一次采伐林木的蓄积量≤35%，保留郁闭度不小于 0.5；第二次采伐林木的蓄积量≤50%，保留郁闭度不小于 0.3；第三次采伐视林下幼树的生长情况，达到成林标准时，伐除上层林木。

6.3.1.3.3 择伐

适用于异龄林、复层林，为形成复层异龄结构或为培育大径级林木的成、过熟同龄林或单层林，其他不适宜皆伐和渐伐的林分。

a）择伐蓄积强度≤40%，保留郁闭度不小于 0.5；

b）对伐后容易引起水土流失或林木风倒的林分，每次择伐的蓄积强度≤30%，保留郁闭度不小于 0.6；

c)择伐作业时应首先确定保留木，将能达到下次采伐的优良林木保留下来，再确定采伐木，并优先保留生长健壮的黄波罗、刺楸等珍贵树种，择伐作业间隔期不低于1个龄级期限。

6.3.1.4　更新方式

更新方式包括人工更新、天然更新和人工促进天然更新三种。森林采伐后当年或翌年更新，做到更新跟上采伐，以人工更新为主，人工更新与天然更新相结合。东部地区采伐迹地更新前禁止进行农作物种植。

6.3.1.4.1　人工更新

适用于皆伐迹地，没有天然更新条件和能力的渐伐迹地，其他不宜天然更新或天然更新与人工促进天然更新无保障的采伐迹地，以及为生产作业提供服务的临时性占地的森林植被恢复。

a)更新树种的选择，应根据培育目标、立地条件、树种的生物学特性和生态学特性，因地制宜确定；

b)选用优良乡土树种，多树种更新，营造混交林，适当推广引种成功的优良树种；

c)人工更新后连续幼林抚育3~5年，确保成活成林。

6.3.1.4.2　天然更新

适用于择伐迹地，具有天然更新条件和能力的渐伐迹地，其他适宜天然更新的采伐迹地。

a)依靠树种的天然下种能力进行天然更新的，合理保留母树，结合种子年进行采伐；

b)依靠目的树种的萌蘖能力进行天然更新的，在树液停止流动的季节进行采伐，采伐时要尽量降低伐根高度；

c)在复层林和异龄林中进行择伐作业时，保护好目的树种的幼苗、幼树。

6.3.1.4.3　人工促进天然更新

适用于具有一定天然更新条件和能力，但完全依靠天然更新又不能达到恢复森林的目的，采取人为辅助措施能够恢复成林的采伐迹地。

a）对目的树种幼苗幼树的数量不足或分布不均匀，以及具有萌蘖能力的树桩（根）数量不足或分布不均匀的采伐迹地，进行人工补植造林，确保数量与分布达到 GB/T 15776《造林技术规程》规定的采伐迹地更新标准；

b）对依靠天然下种更新的采伐迹地，采取整地松土、清除杂草灌木等措施，保证种子落地后发芽成苗和健康生长；

c）对依靠萌蘖更新的采伐迹地，进行人工松土、断根等辅助措施，保证更新质量。

6.3.1.5 森林更新标准

a）当年采伐当年更新或翌年更新，更新面积不小于采伐面积；

b）人工更新标准按 GB/T 15776《造林技术规程》规定执行，当年成活率≥85%（朝阳地区≥70%），保存率≥80%（朝阳地区≥65%）；

c）天然更新目的树种的幼苗（幼树）5 年生以下的株数≥5000 株/hm^2；

d）人工促进天然更新目的树种的幼苗（幼树）株数与人工补植造林株数的总数≥3000 株/hm^2，且分布均匀。

6.3.2 森林抚育

6.3.2.1 森林抚育对象

a）造林（更新）成林后，出现目的树种生长受到高大草本植物、灌木、藤本植物以及霸王树等抑制和影响的林分；

b）林分形成初期，一个植穴有 2 株以上林木，或一个植株有 2 个以上萌条，或林木丛生的林分；

c）幼龄林至中龄林阶段，林木分化明显，出现自然稀疏现象，平均胸径连年生长量开始下降的林分；

d)主伐年龄延长达1个龄级期以上的近熟林或不宜主伐但需抚育的成熟林；

e)需要进行林冠下更新或已进行冠下更新的幼树生长受到上层木抑制的林分；

f)遭受到火灾、病虫害及风雪等自然灾害的林分；

g)林木生长发育良好，但分布不均，且有较大林隙、林窗或林中空地的林分；

h)林木枝条造成林内光照、通风不良，并影响干形、木材质量及林分卫生状况的林分；

i)林分形成初期遭遇旱灾而导致水肥供需不足，影响树木存活的林分；

j)速生丰产林、短轮伐期工业原料林等具有特殊培育目标的林分。

6.3.2.2 森林抚育的种类及适用条件

6.3.2.2.1 透光抚育

a)在造林(更新)成林后的幼龄林阶段进行；

b)对天然林，主要是调整林分树种组成，改善林分结构，清除影响目的树种生长的非目的树种和藤本植物、灌木，以及目的树种中的霸王木、形质(生长)不良的林木(亚健康以下级别的林木)；

c)对人工林，初期主要是调整树种组成，后期是调整解决种内竞争。造林(更新)成林后，进行第一次抚育，主要是割灌除草，割除非目的树种以及影响目的树种生长的藤本植物等。其后的抚育，主要是伐除过密和质量低劣的目的树种及妨碍目的树种生长的非目的树种和藤本植物等；

d)在天然更新、飞播(人工播种)、人工促进天然更新、人工丛状栽植的幼龄林初期进行定株抚育。主要保留生长发育良好、有培育前途的林木、萌条，除去同穴、同株、同丛的其他林木、萌条，以及影响保留木生长的藤本植物、灌木和非目的树种等。

6.3.2.2.2 生长抚育

a）在中龄林阶段以及主伐年龄延长达1个龄级期限以上的近熟林或不宜主伐但需抚育的成熟林和需要进行林冠下更新或已进行冠下更新的幼树生长受到上层木抑制的林分中进行；

b）通过调整单位面积上的林木株数、林分结构，伐除过密的、生长不良和质量低劣的林木，以促进保留木生长及提高林分质量。

6.3.2.2.3 卫生抚育

在林分未进入主伐利用前，遭受森林火灾、病虫害、风雪等自然灾害危害，有复壮能力，受害株数达到10%以上，或发生检疫性病虫害，以及林内卫生状况较差的林分中进行。

6.3.2.2.4 补植抚育

a）在林木生长发育良好，但分布不均，郁闭度≤0.4，或有较大林隙、林窗或林中空地的幼龄林或中龄林中进行；

b）天然林部分林木生长良好，但分布不均，且有较大林窗或林中空地，目的树种株数低于1200株/hm^2的幼龄林或株数低于900株/hm^2的中龄林；

c）人工林保存率低，部分林木生长不良，达不到成林标准的林分。

6.3.2.2.5 修枝抚育

在自然整枝不良，枝条影响林内光照、通风、卫生状况，妨碍林木正常生长发育、影响木材质量的幼龄林和中龄林中进行。

6.3.2.2.6 浇水抚育

a）400mm降水量以下地区的人工林；

b）400mm降水量以上地区的人工林，在遭遇旱灾时。

6.3.2.2.7 施肥抚育

a）用材林的幼龄林；

b）短轮伐期工业原料林、定向培育林。

6.3.2.3 抚育的开始期和间隔期

主要树种（组）抚育开始期和间隔期年限按附录F（规范性附录）执行，未列入树种参照生物学与生态学特性相近树种的年限确定。

6.3.2.4 森林抚育技术及要求

6.3.2.4.1 透光抚育

a）对需要透光抚育的林分全面清除影响保留木生长的乔木、灌木、藤本和草本植物；

b）林分平均胸径<6cm，主要清除非目的树种；

c）林分平均胸径≥6cm，抚育后单位面积株数不低于附录G（规范性附录）林分适宜保留株数的下限，一次抚育郁闭度降低≤0.2，抚育后保留郁闭度0.6~0.8；

d）对于单层同龄林适用于下层抚育、对于混交林或复层异龄林适用于分层抚育，具体技术要求按6.3.2.4.2d）和f）执行；

e）对于株行距整齐、初植密度大、行状混交的人工林适用于机械抚育。在林分内不进行林木分级，机械地隔行或隔株伐除部分林木。机械抚育时要对保留行（带）的亚健康以下级别（或V级木）的林木进行清除；

f）定株抚育。人工林每个种植点（穴）有多株幼树（丛生），根据林木生长状况进行定株，每个种植点（穴）保留1株~2株；天然林（封育柞蚕场）平均胸径<6cm的阔叶树萌生树丛，均匀保留2000株/hm^2~3000株/hm^2；飞播（人工播种）形成的幼林，幼树平均树高<1m的保持自然生长状态，1m~2m的保留2400株/hm^2~3000株/hm^2，≥2m的保留2000株/hm^2以上。

6.3.2.4.2 生长抚育

a)留优去劣，留大砍小，间密留稀，控制强度；

b)蓄积采伐强度(上层抚育除外)≤30%，机械抚育≤50%；

c)伐后单位面积株数不低于附录 G(规范性附录)林分适宜保留株数的下限，一次抚育郁闭度降低≤0.2，保留郁闭度≥0.6；在不影响抚育作业施工的情况下尽量保留下层植被；

d)下层抚育适用于单层同龄林。主要是伐除 IV、V 级木和部分 III 级木，以及个别发育不良的 I、II 级木，伐后林分平均胸径大于伐前林分平均胸径；

e)上层抚育适用于林冠下更新的林分。当冠下人工更新幼树栽植 8 年后，平均树高≥1.5m 且保留株数达到 1200 株/hm^2 以上，伐除胸径 >12cm 的上层林木，以及影响冠下更新幼树生长的林木，伐后上层木保留郁闭度≥0.4；

f)分层抚育适用于混交林或复层异龄林。主要伐除干扰树(枯立木、濒死木、病腐木、被压木、弯曲木、多头木、霸王树等)以及非目的树种和其他妨碍目标树与辅助树生长的林木。对于针叶林中混生的阔叶树尽量保留，对保留木生长发育造成危害的可作为采伐对象伐除，并注重保留珍贵树种。

6.3.2.4.3 卫生抚育

a)伐除受害木。受害木数量较多时，要适当保留受害较轻的林木，抚育后的林分郁闭度保持在 0.4 以上；

b)当抚育后林分郁闭度≤0.4 时，需要选择适宜树种进行人工补植或人工促进天然更新，更新幼树株数≥1500 株/hm^2；

c)发生检疫性病虫害的林木应全株清理。

6.3.2.4.4 补植抚育

a)对适宜补植抚育的幼龄林，进行局部或全面清理灌木、杂草后，人工补植或人工促进天然更新，补植(促进更新)后目的树种株数要达到设计密度要求。更新后要连续幼林抚育3～5年；

b)适宜补植抚育的天然中龄林，林冠下栽植600株/hm^2～1200株/hm^2耐阴树种，林窗内栽植1500株/hm^2～2400株/hm^2耐阴树种，面积≥0.06hm^2的可栽植2400株/hm^2～3300株/hm^2喜光树种；

c)抚育时要适当保留珍贵树种的幼树(幼苗)。

6.3.2.4.5 修枝抚育

a)阔叶树在第一次透光抚育时开始，针叶树在林分郁闭后树干下部出现2～3轮枯死枝或濒死枝时开始进行；

b)一般修枝可修到树冠的力枝处，幼龄林修枝后保留的树冠高度不低于树高的1/2，中龄林修枝后保留的树冠高度不低于树高的1/3(杨树等树种抹芽和特殊培育目的的修枝强度不限)；

c)修枝高度依培育目标而异，一般修枝高度达到树干8m～14m；

d)修枝在树液停止流动的季节(当年11月下旬至翌年3月下旬)进行(杨树等阔叶树抹芽、绿修除外)。作业时，切口要平滑，枝桩高小于枝径的1/3，在不劈裂和损伤树皮的前提下，尽量降低枝桩高度；

e)修枝的次数与间隔期因树种生物学特性、培育目标、林分密度、林木生长状况而异；

f)修枝抚育根据需要可单独进行，也可结合其他抚育作业同时进行。

6.3.2.4.6 浇水抚育

浇水采用穴浇、喷灌等措施，具体浇水用量及方法根据树种水分需求特征及相关规程执行。

6.3.2.4.7 施肥抚育

追肥种类以有机肥、复合肥等长效肥为主，根据林木所缺养分进行施肥，或间作绿肥，具体施肥数量和方式根据施肥试验及相关规程执行。

6.3.3 低产林改造

6.3.3.1 皆伐改造

6.3.3.1.1 适用对象

a)人工造林后由于树种选择不合理、种源不适宜、立地条件不适应等因素造成的中、近熟林阶段林木蓄积连年生长量≤$4m^3/hm^2$或林木蓄积量≤$60m^3/hm^2$的林分(平原地区杨树蓄积量≤$100m^3/hm^2$、西部地区针叶林蓄积量≤$45m^3/hm^2$)；

b)遭受火灾、病虫害和风雪等自然灾害严重危害，无复壮能力的林分。

6.3.3.1.2 技术措施

a)坡度≤5°时伐区面积≤$10hm^2$，坡度6°～15°时≤$5hm^2$，坡度16°～25°时≤$3hm^2$，坡度26°～30°时进行带状皆伐改造且面积≤$3hm^2$，坡度>30°的不得进行皆伐改造；

b)对杨树低产林，在风沙严重、土壤瘠薄、水源匮乏地区，采用带状皆伐改造；

c)对生长在侵蚀沟、林缘及疏林空地的油松低产林，应根据立地条件补植适生的乔、灌木；在大面积纯林地域，可进行带(块)状改造，伐后栽植适生的阔叶乔、灌木等树种；

d)进行带状皆伐改造时，顺山带适用于水土流失较小的缓坡地带，横山带或斜山带适用于有水土流失可能的地带；

e)对火灾、病虫害、风雪等自然灾害危害严重，无复壮能力的林分，根据实际发生情况进行伐区设计改造；

f)更新标准执行主伐更新6.3.1.5项相关要求。

6.3.3.2 择伐改造

6.3.3.2.1 适用对象

天然林中龄林阶段林木蓄积量≤$60m^3/hm^2$的林分，或有培育前途的目的树种株数不足林分适宜保留株数40%的林分。

6.3.3.2.2　技术措施

a)保留有培育前途的中小径木，清除非目的树种、无培育前途的老龄木、病腐木、枯立木、濒死木和灌丛，伐后进行局部清场、整地；

b)在林下或林中空地因地制宜地栽植耐阴的优良树种1500株/hm^2～2400株/hm^2，更新后连续幼林抚育4年～6年；

c)作业时要适当保留珍贵树种的幼树(幼苗)。

6.3.3.3　效应带(块)改造

6.3.3.3.1　适用对象

中龄林和近熟林阶段林木蓄积量≤45m^3/hm^2的多代萌生、林相残破林分(含封育柞蚕场)。

6.3.3.3.2　技术措施

a)效应带(采伐带)宽度不大于平均树高的2倍，保留带与效应带等宽；块状改造时，每块的采伐面积≤2hm^2，且采伐面积不大于保留面积。伐除效应带(块)上全部林木，并清理影响更新的灌木和杂草；

b)在效应带(块)内人工更新目的树种2400株/hm^2～3300株/hm^2；

c)对保留带(块)进行间伐，主要清除非目的树种，并进行局部清场后，人工更新目的树种1500株/hm^2～2400株/hm^2。

6.3.3.4　其他改造措施

适用于通过其他辅助措施可改变生长状态的中幼龄林。

a)嫁接改造法：对生长不良，无培育前途并有适宜嫁接的幼树，通过嫁接优良树种，改造成有培育前途的林分；

b)平茬改造法：对萌芽、萌蘖能力强的林分，可在林木休眠期进行平茬，使其萌发新的植株，并对新植株及时进行定株、修枝。

6.3.4 封山(沙)育林

6.3.4.1 适用对象

a)坡度 >35°及岩石裸露、山脊、跳石塘等不易更新的林分或林地;

b)天然林中龄林阶段林木蓄积量 $>60m^3/hm^2$，且不适宜抚育采伐的林分;

c)人工及天然更新起来的幼林地、灌木林，以及其他适合封育的林分。

6.3.4.2 技术措施

a)对实行封育的地块，应划清边界、标明四至、设立标牌、设置围栏、落实责任;

b)在封育区内要杜绝樵采、垦荒、放牧、修枝;

c)封育方式一般采用全封、半封、轮封;

d)封育期限一般为 5 年 ~10 年，也可根据生产经营活动的实际需求确定。

6.4 其他用材林经营

工业原料林、速生丰产林、大径材林、果材兼用林的采伐年龄、采伐方式及更新方法根据森林经营方案确定的培育目标和经营要求执行，森林抚育采伐适宜保留株数按照附录 H(规范性附录)、附录 I(规范性附录)执行，相关技术要求参照 LY/T 1058、LY/T 1495、LY/T 1559、LY/T 1672、LY/T 1716、LY/T 1724、DB21/T 1691、DB21/T 1724 等相关标准执行。

6.5 薪炭林经营

薪炭林的采伐年龄、采伐方式和更新方法，按 DB21/T 678 等相关规定执行。

6.6 经济林经营

在不改变林地属性和确保及时更新的情况下，经济林林木的采伐年龄、采伐方式及更新方法、抚育措施等，根据培育目标和经营要求确定。经济林营建技术按 LY/T 1557、DB21/T 1690 等相关标准执行。

7 公益林经营

7.1 种类与类型划分

7.1.1 种类

公益林种类见附录 C(资料性附录)。

7.1.2 类型划分

7.1.2.1 按管理权限划分

a)国家级公益林：由地方人民政府根据国家有关规定划定，并经国务院林业主管部门核查认定的公益林；

b)地方公益林：由各级地方政府根据国家和地方的有关规定划定，并经同级林业主管部门核查认定的公益林。

7.1.2.2 按生态重要性划分

根据河流、水体、公路、铁路、自然保护区、森林公园、风景名胜区等受保护对象或区域的重要性与特殊性确定生态重要程度，分为极端重要(1)、非常重要(2)、比较重要(3)和一般(4)四个等级，见附录 J(规范性附录)。

7.1.2.3 按生态脆弱性划分

根据坡度、植被盖度、岩石裸露率、土壤侵蚀程度、风力侵蚀程度、农田牧场分布特点、海岸基质类型等指标衡量某一具体地段的生态脆弱程度，分为极端脆弱(1)、非常脆弱(2)、比较脆弱(3)和一般(4)四个等级，见附录 K(规范性附录)。

7.1.2.4 按保护等级划分

a)国家级公益林：分为一级、二级、三级三个等级。见附录 L(规范性附录)；

b)地方公益林。

7.2　公益林经营原则

7.2.1　生态优先、严格保护、分级管理、科学经营、合理利用。

7.2.2　以恢复稳定的森林生态系统为基本要求，改善和增加森林质量和资源总量、保护生物多样性为主要目的，实现森林生态系统环境服务功能的最大化。

7.2.3　经营全过程体现生态优先的原则，适度兼顾木质和非木质林产品的产出。

7.2.4　在林产品经营以及森林环境服务功能开发利用过程中，确保森林生态系统健康和活力不受威胁或损害，充分考虑森林生态系统的环境容量。

7.2.5　一级国家级公益林原则上不得开展生产经营活动，严禁林木采伐行为。因教学科研等确需采伐林木，以及人工林、母树林、种子园经营等，依法审批前，应当组织林业专家进行评审。二级国家级公益林在不破坏森林生态系统功能的前提下，可以合理利用。三级国家级公益林和地方公益林以增加森林植被、提高森林质量为目标，加强森林资源培育，科学经营、合理利用。

7.3　防护林经营

7.3.1　更新采伐

7.3.1.1　更新采伐类型

a)林分更新采伐主要包括渐伐、择伐、带(块)状皆伐等采伐方式;

b)林带更新采伐主要包括全带采伐、断带采伐、分行采伐等采伐方式。

7.3.1.2　林分更新采伐

7.3.1.2.1　适用范围

适用于防护林主要树种平均年龄达到更新成熟年龄的同龄林，或达到更新成熟年龄的林木蓄积占总蓄积70%以上的异龄林。

7.3.1.2.2 采伐方式

a)二级国家级公益林可采用择伐、渐伐方式；

b)三级国家级公益林和地方公益林采用渐伐、择伐、带(块)状皆伐方式。

7.3.1.2.3 技术要求

a)二级国家级公益林择伐采伐间隔期不小于一个龄级期限，坡度>25°的采伐强度不超过伐前林木蓄积的15%，保留郁闭度≥0.6；坡度≤25°的采伐强度不超过伐前林木蓄积的25%，保留郁闭度≥0.5；

b)三级国家级公益林和地方公益林择伐蓄积强度≤30%，保留郁闭度≥0.5，择伐作业时优先保留黄波罗、刺楸等珍贵树种，采伐间隔期不小于一个龄级期限；

c)渐伐强度第一次控制在伐前林木蓄积量的30%以内，第二次<50%，最后视林下幼树的生长情况，达到成林标准时，伐除上层林木；

d)三级国家级公益林和地方公益林带(块)状皆伐时，每条采伐带最大宽度不超过30m，保留带宽度不小于采伐带宽度，坡度≤5°时采伐面积≤10hm²，坡度6°~15°时面积≤5hm²，坡度16°~25°时面积≤3hm²，坡度>25°的不得采用带(块)状皆伐；

e)防风固沙林采伐，沿垂直主风害方向划分采伐带，每条采伐带最大宽度≤50m，实行隔带采伐；

f)主要树种(组)的更新年龄按附录D(规范性附录)执行，未列入的树种参照附录D中生物学和生态学特性相近树种(组)的规定执行。

7.3.1.2.4 林分更新方法及要求

a)天然更新：适用于择伐或渐伐。合理保留母树，结合种子年进行采伐或根据树种的萌芽、萌蘖能力，在树液停止流动季节进行采伐。采伐后保留具有天然下种能力的母树≥60株/hm^2，且分布均匀，采伐后目的树种天然更新幼苗≥3000株/hm^2；

b）人工促进天然更新：适用于择伐或渐伐。采伐后人工促进天然更新目的树种的幼苗与人工补植造林株数的总数≥3000株/hm^2，且分布均匀；

c）人工更新：适用于带（块）状皆伐迹地，更新标准按GB/T 15776《造林技术规程》规定执行。当年成活率≥85%（朝阳地区≥70%），保存率≥80%（朝阳地区≥65%）。

7.3.1.3 林带更新采伐

7.3.1.3.1 适用范围

防风固沙林、农田防护林、护路林、护岸林等林带符合下列条件之一。

a）达到或超过更新年龄；

b）生长停滞、林内卫生状况极差、防护效益严重下降。

7.3.1.3.2 采伐方式

a）对短窄林带进行全带采伐；

b）对宽林带、主林带实行分行采伐或断带采伐；

c）对长林带实行断带采伐。

7.3.1.3.3 技术要求

a）主要树种（组）的更新年龄按附录D（规范性附录）执行，未列入的树种参照附录D中生物学和生态学特性相近树种（组）的规定执行；

b）全带采伐时，同期采伐农田防护林林带的实行隔带采伐，相邻林带的采伐时间间隔≥5年；

c）分行采伐时每行采伐长度不超过100m，采伐行中保留行长度不应低于采伐行长度，相邻林带的采伐时间间隔≥5年；

d）断带采伐中每个采伐段≤1000m，保留段不小于采伐段长度，保留段宽度不低于采伐段宽度，相邻段采伐间隔时间≥5 年；

e)采伐内陆及沿海防风林带实行隔带采伐，采伐带应基本垂直主风方向，保留带与采伐带等宽，每条采伐带宽度≤50m；

f)林带采伐后及时更新，造林成活率≥85%，保存率≥80%。

7.3.2　森林抚育

7.3.2.1　森林抚育的种类及适用条件

7.3.2.1.1　透光抚育

a)在造林(更新)成林后的幼龄林阶段进行；

b)对于天然林主要是调整林分树种组成，改善林分结构。对于人工林初期主要是调整种间竞争和树种组成，后期是调整林木种内竞争；

c)在天然更新、飞播(人工播种)、人工促进天然更新、人工丛状栽植的幼龄林初期进行定株抚育。

7.3.2.1.2　生态疏伐

在中龄林至森林更新前 **1** 个龄级(含更新采伐年龄延长达到 **1** 个龄级期限以上或不宜更新采伐但需疏伐的成熟林)的林分内，主要调整林分密度与结构，缓解林木间对生长空间的竞争。

7.3.2.1.3　林带间伐

在密度大、林木间互相挤压、生长量下降的防护林带进行。主要调整林带的结构和密度，改善和提高林带的防护功能。

7.3.2.1.4　卫生抚育

在林分未进行更新采伐前，遭受森林火灾、病虫害、风雪等自然灾害危害，有复壮能力，受害株数达到 **10%** 以上，或发生检疫性病虫害的林分中进行。

7.3.2.1.5 补植抚育

a)在林木生长发育良好，但分布不均，郁闭度≤0.4，且有较大林隙、林窗或林中空地的幼龄林或中龄林中进行；

b)天然林部分林木生长良好，但分布不均，且有较大林隙、林窗或林中空地，目的树种株数低于 900 株/hm^2的幼龄林或株数低于 600 株/hm^2的中龄林；

c)人工林保存率低，部分林木生长不良，达不到成林标准的林分。

7.3.2.1.6 修枝抚育

在自然整枝不良，枝条影响林内光照、通风、卫生状况，妨碍林木正常生长发育的幼龄林和中龄林中进行。

7.3.2.1.7 浇水抚育

a)400mm 降水量以下地区的人工林；

b)400mm 降水量以上地区的人工林，在遭遇旱灾时。

7.3.2.2 开始期和间隔期

7.3.2.2.1 透光抚育、定株抚育在幼林成林后的幼龄林期间进行，当林内杂草、灌木、藤本植物等影响目的树种生长时进行第一次抚育，下一次抚育时间视目的树种受影响的程度确定。

7.3.2.2.2 当林分郁闭度>0.7，林木分化明显，林下植被稀少时进行第一次疏伐。疏伐间隔期根据林分培育目标(参考附录 B)、生境状况进行综合确定。

7.3.2.2.3 主要树种(组)抚育开始期和间隔期年限按照附录 F(规范性附录)执行，未列入树种可参照生物学与生态学特性相近树种(组)的年限确定。

7.3.2.3 森林抚育技术与要求

7.3.2.3.1 二级国家级公益林抚育的伐前林分郁闭度不低于0.8，一次采伐蓄积强度不大于 15%，伐后郁闭度不低于0.6。

7.3.2.3.2 透光抚育

a)全面抚育。在幼龄林初期全面清除影响保留木生长的非目的树种、灌木、藤本和草本植物；

b)穴状抚育。用于人工林，主要割除栽植幼树(穴)0.5m～1m周边范围内影响其生长的杂草、灌木和非目的树种等；

c)带状抚育。在人工栽植的幼树行间，带状割除影响幼树生长的杂草、灌木和非目的树种等；

d)团状抚育。用于群团状更新的天然幼龄林，清除稠密树丛中影响目的树种生长的杂草、灌木和非目的树种等；

e)林分平均胸径<6cm，主要清除非目的树种；

f)林分平均胸径≥6cm，抚育后单位面积株数不低于附录M(规范性附录)林分适宜保留株数的下限，一次抚育郁闭度降低≤0.2，伐后保留郁闭度0.6～0.8；

g)对于单层同龄林适用于下层抚育、对于混交林或复层异龄林适用于分层抚育，具体技术要求按7.3.2.3.3d)和f)执行；

h)定株抚育。人工林每个种植点(穴)有多株幼树(丛生)，根据林木生长状况进行定株，每个种植点(穴)保留1株～2株；天然林(封育柞蚕场)平均胸径<6cm的阔叶树萌生树丛，视具体情况保留2000株/hm^2～3000株/hm^2；飞播(人工播种)形成的幼林，幼树平均树高<1m保持自然生长状态，1m～2m的保留2400株/hm^2～3000株/hm^2，≥2m的保留2000株/hm^{2}以上；

i)清除非目的树种及灌木、藤本植物、杂草时，注意保护珍贵树种幼树(幼苗)。

7.3.2.3.3 生态疏伐

a)纯林主要是间密留匀、留优去劣，针叶林中尽量保留生长健壮的阔叶树，混交林保持针阔比例6:4～7:3；

b）合理确定目标树、辅助树、干扰树，伐除干扰树，保留目标树、辅助树和适量的灌木、藤本植物等；

c）主要树种（组）疏伐后适宜保留株数执行附录 M（规范性附录）；

d）下层抚育适用于单层同龄林。主要是伐除 IV、V 级木和部分 III 级木，保留郁闭度≥0.6，一次疏伐郁闭度下降不超过 0.2，伐后林分平均胸径大于伐前林分平均胸径；

e）上层抚育适用于林冠下更新的林分。当冠下人工更新幼树栽植 8 年后，平均树高≥1.5m 且保留株数达到 1200 株/hm^2 以上，伐除上层部分林木，并对冠下更新层进行抚育，伐后上层木保留郁闭度≥0.4，保持复层林结构；

f）分层抚育适用于混交林或复层异龄林。主要伐除主林层干扰树以及亚林层生长不良的林木，对演替层进行幼林抚育，清除影响目的树种生长的灌木、藤本植物等，促进演替层、更新层生长发育；

g）疏伐的蓄积强度≤30%（上层抚育及分层抚育除外），疏伐后尽量使原有的树种（植物）种类不减少（有害生物除外），合理保留幼树、灌木、藤本和草本植物。

7.3.2.3.4 林带间伐

a）林带间伐后疏透度在 0.4 以下，并保持原林带的总体结构；

b）林带间伐的株数强度≤50%。

7.3.2.3.5 卫生抚育

a）伐除受害木。受害木数量较多时，要适当保留受害较轻的林木，使林分郁闭度保持在 0.4 以上；

b）当抚育后林分郁闭度≤0.4 时，选择适宜树种进行人工补植或人工促进天然更新，更新幼树保留株数≥1500 株/hm^2；

c）发生检疫性病虫害的林木应全株清理。

7.3.2.3.6 补植抚育

a)对适宜补植的中幼龄林，根据林隙、林窗或林中空地分布情况，局部清场、整地后进行人工补植或人工促进天然更新，补植(促进更新)后单位面积林木株数不低于1500株/hm^2～2400株/hm^2；

b)对保存率与成活率达不到要求的林分(带)，选用原更新造林树种或其他适宜树种进行补植，补植后单位面积林木株数达到设计要求；

c)清场作业时要适当保留珍贵树种的幼树(幼苗)。

7.3.2.3.7 修枝抚育

技术要求参照商品林修枝抚育6.3.2.4.5相关内容执行，强度可适当降低，修枝高度至6m处。

7.3.2.3.8 浇水抚育

技术要求参照商品林浇水抚育6.3.2.4.6相关内容执行。

7.3.3 低效林改造

7.3.3.1 择伐改造

7.3.3.1.1 适用对象

适用于中龄林、近熟林阶段，目的树种健壮林木的株数不足林分适宜保留株数40%或林木蓄积量≤60m^3/hm^2的残次林分。

7.3.3.1.2 技术措施

a)在林分中伐除非目的树种和目的树种中的枯立木、病腐木、濒死木、老龄木、霸王树及生长不良的林木。择伐蓄积强度≤30%(二级国家级公益林择伐蓄积强度≤20%)；

b)伐后局部清场、整地，冠下栽植耐阴的针叶树1500株/hm^2～1800株/hm^2，造林后连续幼林抚育3年～5年，人工诱导针阔混交林。

7.3.3.2 带块状改造

7.3.3.2.1 适用对象

a)只适用于三级国家级公益林和地方公益林；

b)适用于立地条件较好，但因不适地适树等因素造成中、近熟林阶段蓄积量 $60m^3/hm^2$(西部地区 $45m^3/hm^2$)以下，达不到防护效果的林分(带)；

c)遭受火灾、病虫害和风雪等自然灾害严重危害，受害木超过20%，无恢复成林希望的林分(带)。

7.3.3.2.2 技术措施

a)因病虫造成危害的林分(带)伐除所有林木，进行全面清场整地，并采取消毒灭菌杀虫等预防措施，因地制宜地选用适生优良壮苗，依照设计标准造林，造林后按照防护林经营的要求开展森林经营活动；

b)人工林坡度≤5°时伐区面积≤$10hm^2$，坡度6°~15°时≤$5hm^2$，坡度16°~25°时≤$3hm^2$，坡度26°~30°时进行带状改造且面积≤$3hm^2$，坡度>30°的不得进行带块状改造；

c)天然林坡度≤15°时伐区面积≤$4hm^2$，坡度16°~25°时≤$2hm^2$，采伐地段间保留相当于采伐面积的保留块，进行迹地清理后，栽植与立地条件相适应的阔叶树种或针叶树种，形成块状针阔混交林；

d)在低效林内开拓效应带(采伐带)，效应带的走向在坡度>15°时与等高线平行；坡度≤15°时顺山设置效应带；风害严重地区应垂直主风害方向。效应带宽度不大于平均树高的2倍，保留带宽度不小于效应带。在开拓效应带时，要保留目的树种的幼苗、幼树，在效应带上通过选择适宜更新树种进行人工造林，同时对保留带进行抚育诱导形成带状混交林；

e)更新标准执行主伐更新6.3.1.5项相关要求。

7.3.3.3 斑块改造

7.3.3.3.1 适用对象

适用于天然次生林林相混杂、多代混生、分布不均、蓄积量≤$60m^3/hm^2$(西部地区 $45m^3/hm^2$)的中幼龄林阶段的低效林。

7.3.3.3.2 技术措施

a)改造后针叶树与阔叶树呈群团状或带状混交，在作业区内保留的阔叶树斑块面积占30%~50%。群团状混交保留阔叶树一般每个单元面积0.5hm^2~1hm^2，最大在2hm^2~3hm^2，带状混交配置的阔叶树保留宽度在50m左右；

b)对于地形起伏大的沿山脊走向带状或起伏小的凸地群团状地带保留0.5hm^2~2.0hm^{2}的阔叶树；

c)易发生滑坡和土壤流失山地，横山带状保留阔叶树。对于山脊处的阔叶树应尽量保留栎类等深根性树种；

d)在立地条件差异较大、土层较浅、石砾较多的地段群团状保留阔叶树；

e)对于风口、风害发生频繁、人工造林不容易成活和生长的地段，设置阔叶树保留区域；

f)在坡面较陡的作业道上下以及溪流岸边，设置阔叶树保留区；

g)阔叶树保留区域确定后，对其余地块进行局部或全面清除低价值林木、灌木及杂草，人工更新适宜生长的乡土树种，更新标准执行主伐更新6.3.1项相关要求；

h)采伐蓄积强度≤40%(二级国家级公益林采伐蓄积强度≤20%)。

7.3.3.4 下列低效防护林不得进行改造

a)生态重要性或生态脆弱性等级为1级的低效防护林，见附录J(规范性附录)、附录K(规范性附录)；

b)海拔在1000m以上的低效防护林；

c)林地坡度>35°或石质山地等自然条件恶劣地区的低效防护林；

d)其他不宜进行改造的低效防护林。

7.4 特种用途林经营

7.4.1 国家级自然保护区核心区的森林及名胜古迹、世界自然遗产地、革命圣地、文化纪念林的林木严禁采伐。

7.4.2 其他特种用途林只允许进行抚育采伐和更新采伐。

7.4.2.1 更新采伐

a)国防林、风景林核心景区和游览区及自然保护区缓冲区的森林依据林木的自然成熟进行更新采伐；

b)科学实验林、种质资源林(包括母树林、种子园、采穗圃)等依据建设规划和实验设计确定的更新采伐时间、采伐方式与方法实施更新采伐。

7.4.2.2 抚育采伐

a)国防林和国家级自然保护区缓冲区的森林可进行卫生抚育；

b)风景林依据森林美学的原理，按照改造或塑造新景观的实际需求进行森林景观疏伐；

c)科学实验林、种质资源林(包括母树林、种子园、采穗圃)依据建设规划和实验设计实施抚育。

7.4.2.3 当特种用途林遭受到火灾、病虫害及风雪等自然灾害严重危害后无恢复成林能力时，及时清理受害林木，因地(林)制宜地选择适宜的更新方式及时恢复森林，按照特种用途林的培育目标和要求开展森林经营活动。

7.5 封山(沙)育林

适用对象及技术措施按 6.3.4 相关规定执行。

8 林地综合开发利用

8.1 利用原则

8.1.1 商品林在不造成水土流失，保证树木正常生长的前提下，对林地进行合理开发利用。

8.1.2 一级国家级公益林禁止开发利用；在不造成水土流失，保证森林生态功能的前提下，允许对二级国家级公益林进行有限制的开发利用；其他公益林可进行合理开发利用。

8.2 组织实施

8.2.1 森林经营单位利用森林资源调查或其变档资料科学编制《林地综合开发利用规划》。

8.2.2 依据《林地综合开发利用规划》编制《林地经济发展项目实施方案》，组织开展生产经营活动。

8.3 利用条件

8.3.1 一级国家级公益林或坡度 >35°的林地实行封禁管护，禁止林地开发利用活动。

8.3.2 二级国家级公益林或坡度 26°～35°的林地，只允许开展仿自然式的林地经济发展项目。

8.3.3 其他公益林或坡度 16°～25°的商品林地，可开展非耕作性质的生产经营活动，因地制宜地选择林地经济发展项目。

8.3.4 坡度 6°～15°的商品林地，可适度开展耕作性质的生产经营活动，并采取有效措施防止水土流失。

8.3.5 坡度≤5°的商品林地，可根据发展林地经济的实际需要，开展耕作性质的生产经营活动。

8.3.6 经济林林地开发与利用按照各自的经营要求进行正常栽种、培育、管理等活动，林地间作期限及品种不受限制。

8.3.7 划入公益林中的经济林在当前经营期内允许按照各自的经营要求进行正常栽种、培育、管理活动，林地间作与利用采取非垦复式作业方式。

8.4 开发利用技术

8.4.1 林地种植经济植物因林分郁闭度过大影响林下植物生长时，可优先安排抚育采伐作业，伐后郁闭度不低于 0.5。

8.4.2 对上层木郁闭度 0.6 以上，林内规划进行林地经济开发的，可进行卫生抚育，并伐除胸径 <5cm 的非目的树种、灌木，也可通过修枝降低郁闭度。

8.4.3 林地开发利用采取耕作或起床作业的面积控制 $\leq 3hm^2$，耕作面不超过 15m×1.5m，上下床之间保留林下原有植被隔离带 2m 以上，每隔 10 床顺山保留 5m 宽以上隔离带。沟谷(溪流)、山脊与垦殖区之间保留 20m 以上的原有植被区。

8.4.4 在小流域内进行林蛙等养殖，孵化池、越冬池面积不得超过沟谷总面积的 5%。

9 森林、林木采伐设计

9.1 森林经营方案编制

依法科学编制森林经营方案，依据森林经营方案核定年森林采伐限额，实施森林采伐限额的分配、使用和管理，并对方案实施情况进行监督检查和科学评价。相关要求按 LY/T 2007《森林经营方案编制与实施规范》、LY/T 2008《简明森林经营方案编制技术规程》等相关规程(规定)执行。

9.2 森林经营作业设计

9.2.1 外业调查

9.2.1.1 作业小班区划

在二类调查区划小班的基础上，根据林分特点、立地条件和经营措施区划作业小班，标明四至，实测面积，面积误差不得超过 ±5%。对二调区划明显有误的小班，可以进行修正。

9.2.1.2 调查方法

对森林主伐更新作业设计实行全林实测法，其他作业设计采用标准地调查法推算；林带采用抽取标准段或者标准行进行调查设计。其他因子的调查按 GB/T 26424《森林资源规划设计调查技术规程》等相关规程(规定)执行。

9.2.1.3 标准地的设置

a)在作业小班内，选择有代表性的地段设置方形或带状标准地，标准地面积不得小于作业小班面积的 2%，每块面积≥0.06hm^2。选择的标准地应避开较大的林间空地及林缘；

b)标准地境界测量使用罗盘仪测角，皮尺或测绳量距。

在坡地上量距应改换成水平距。境界测量的闭合差不得超过1/100。

9.2.1.4 标准地调查

a)调查因子的允许误差：株数、平均胸径、蓄积量为±5%(天然林±10%)，树种组成为±1；

b)具体调查方法按DB/2100B65001《标准地调查技术规则》等相关技术规程(规定)执行。

9.2.2 内业设计

9.2.2.1 森林经营作业设计按《森林资源三类调查数据管理信息系统》的《森林经营作业设计软件系统》执行。

9.2.2.2 采用不小于1/10000的比例尺绘制作业小班平面图，并求算面积，图面上要按国家标准图例注记，并标示出作业小班周围的地类、明显地物标志等，按要求进行转绘、复制。

9.2.2.3 根据森林经营技术要求，因林、因地制宜地做出主伐更新、抚育采伐、低产林改造、更新采伐等作业设计，编写森林经营作业设计说明书。作业设计说明书要论述森林资源及其变化情况和设计林分的情况；说明作业的种类、方式、任务量和设计的采伐强度、作业前后主要林分因子变化(有条件的应附作业林分照片)、采伐量、材种出材量、更新方式、更新树种、各种作业时间及用工量、收支概算等。具体编制方法按相关规程(规定)要求执行。

9.3 采伐作业规定

9.3.1 严格按照批准的森林经营作业设计呈报书和林木采伐许可证进行施工。

9.3.2 择伐、渐伐、抚育采伐，在采伐作业前进行采伐木划号标记。

9.3.3 采伐时防止抽心、劈裂和打拌子，伐根高度不得超过10cm；严格控制树倒方向，保护好幼苗幼树、母树和保留木。

9.3.4 合理造材，小头直径≥6cm 且材长≥2m 的木材全部运出利用。

9.3.5 对伐区内的采伐剩余物可采取全部清出利用，对不能运出利用的采用摆趟或摆堆处理。

9.3.6 对于因病虫危害而抚育作业的林分，采伐后应将附带病虫害源的采伐剩余物清除林外，并集中进行处理。

9.3.7 对容易引起水土冲刷的集材道，要采取防护措施，并尽量选择在冬季作业(集材)。

9.3.8 要保护好各种标志、标桩和界线、河流、排灌沟渠等。

9.3.9 根据作业需求，在伐区面积较大、运输距离较长等情况下，可设置临时楞场、集材道、作业道等辅助设施；采伐生产的小径材可人力集材的，不再修筑集材道。

9.3.10 森林采伐作业施工中应安排专业技术人员负责技术指导和监督，发现问题及时纠正，保证安全生产和作业质量。

9.3.11 具体采伐技术要求按 LY/T 1646《森林采伐作业规程》相关内容及相关规定执行。

9.4 森林经营档案管理

森林经营单位应对审批文件、各种调查、设计、总结、图表、影像等资料进行汇总整理，及时归档。要在每年施工作业完成后，将本单位年度作业情况分别作业类型，按实际完成的面积、蓄积、木材产量等项目统计，逐级汇总上报省林业主管部门备案。

附录 A
（资料性附录）
森林经营管理分区

A.1 森林经营管理分区见表 A.1。

表 A.1 森林经营管理分区

区号	分区	范围（区县）	发展方向
1	辽东山地水源涵养用材林区	抚顺市、本溪市、丹东市郊区、宽甸满族自治县、凤城市、岫岩满族自治县、铁岭市清河区、西丰县、辽阳市弓长岭区的全境；庄河市、普兰店市、海城市、鞍山市千山区、东港市、盖州市、大石桥市、辽阳县、灯塔市、铁岭县、开原市的山区乡镇	发展水源涵养林，加强对现有天然林保护，重点保护江河分水岭两侧、河流源头及两岸、大、中型水库周围的森林，提高和完善辽东水源涵养林体系的防护功能。同时积极发展各类商品林，增加林产品的持续产出能力
2	辽东半岛丘陵经济防护林区	大连市郊区、瓦房店市、长海县、鲅鱼圈区的全境；庄河市、普兰店市、东港市、盖州市的平原乡镇	在保护好现有森林资源的基础上，加强和完善沿海防护林体系建设，大力发展水土保持林、海防林、风景林、环境保护林等防护林，大力发展干鲜果经济林
3	辽宁中部平原农田防护林区	沈阳市郊区、辽中县、新民市、鞍山市郊区、台安县、锦州市的郊区、黑山县、营口市的老边区、辽阳市的太子河区、宏伟区、盘锦市的全境；千山区、海城市、凌海市、大石桥市、辽阳县、灯塔市的平原乡镇	大力发展农田防护林。在沿河两岸立地条件较好地区，积极发展以提供纤维材为经营目的的短轮伐期杨树速生丰产林
4	辽西北低丘平原防风固沙林区	彰武县、康平县、法库县、昌图县、调兵山市的全境；铁岭县、开原市的平原乡镇	发展防风固沙林、农田牧场防护林，加强和完善农田防护林体系建设，提高森林的防风固沙、保田增产效能，兼顾发展用材林
5	辽西低山丘陵水土保持林区	义县、北镇市、阜新市郊区、阜新县、葫芦岛市、朝阳市的全境；凌海市的山区乡镇	发展水土保持林，恢复森林植被，提高森林资源质量，改善区域生态环境，适度发展干鲜果经济林

附录B(资料性附录)
主要森林类型培育目标

B.1 用材林主要森林类型培育目标(人工林)见表B.1。

表B.1 用材林主要森林类型培育目标(人工林)

培育(生产)目标	森林类型	目标林型	经营特点	适用区域(附录A区号)
中、小径一般工业用材	日本落叶松、长白落叶松、樟子松等针叶林	单层纯林	短、中、正常伐期,速生丰产,皆伐,人工更新	1、2
	杨树、柳树、白桦等阔叶林	单层纯林	短伐期,速生丰产,皆伐,人工更新	1、2、3、4、5
中、大径材	红松、云杉、冷杉、日本落叶松、长白落叶松、油松、赤松、樟子松等针叶林	单层纯林	正常伐期,皆伐,人工更新	1、2、4、5
	水曲柳、胡桃楸、蒙古栎、辽东栎、赤杨、桦树、榆树、椴、杨树、柳树等阔叶林	单层纯林	长伐期,皆伐,人工更新或萌芽更新	1、2、3、4、5
	红松、云杉、冷杉、日本(长白)落叶松等针叶树与白桦、水曲柳、刺楸等针阔叶林	行、块状复层混交林	正常伐期,皆伐或渐伐,人工更新或人工促进更新	1
大径材	日本落叶松、长白落叶松、红松、云杉、冷杉、北美乔松林	复层林(前期单层林,后期复层林)	延长伐期,近熟林冠下更新红松、云杉、冷杉等,渐伐	1
果材兼用	红松林	单层纯林	正常或延长伐期,皆伐或渐伐,人工更新	1、2
	胡桃楸林	单层纯林	延长伐期,皆伐,人工促进更新	1、2
薪材	柳树、刺槐、栎类林	单层纯林	短伐期,集约经营,皆伐,萌芽更新或人工促进更新	1、2、3、4、5
纤维、纸浆材	杨树、桦树、刺槐、柳树、落叶松、云杉、冷杉、栎类等人工针叶林或阔叶林	单层纯林	短伐期,集约经营,皆伐,人工更新或萌芽更新	1、2、3、4、5

B. 2 用材林主要森林类型培育目标(天然林)见表 B. 2。

表 B. 2　用材林主要森林类型培育目标(天然林)

培育(生产)目标	森林类型	目标林型	经营特点	适用区域(附录 A 区号)
一般用材	栎林	单层林或复层林	正常伐期,小面积皆伐或择伐,天然下种更新、部分人工更新	1、2、5
	阔叶混交林	单层林或复层林	正常伐期,小面积皆伐或择伐,天然下种更新、部分人工促进天然更新	1
	杨桦林	单层林	正常伐期,皆伐或择伐,天然下种更新、萌蘖(萌芽)及部分栽植	1
中大径材	红松阔叶混交林	复层林	天然林冠下栽植红松、云杉、冷杉,适时进行上层抚育,形成阔叶树红松(云冷杉)混交林,渐伐(择伐),人工促进更新	1
	云杉、冷杉阔叶混交林	中、长期复层林	正常伐期,择伐(渐伐),天然下种更新、人工促进更新	1
大径材	栎类林	单层林或复层林	长伐期,择伐(渐伐),天然更新或人工天然针阔混交	1
	阔叶混交林	单层林或复层林	长伐期,择伐(渐伐),天然更新或人工天然针阔混交	1
纸浆材	栎类林	单层林	中伐期,皆伐,萌芽更新或人工促进	1、2
	杨桦林	单层林	短伐期,皆伐,天然下种更新、萌蘖(萌芽)更新	1
食用菌材	栎类、胡桃楸、椴树林	单层林	短伐期,皆伐,萌芽及人工促进(播种)天然更新	1、2
果材兼用	胡桃楸林	单层林或混交林	延长伐期,皆伐,人工促进更新	1

B.3 防护林主要森林类型培育目标见表 B.3。

表 B.3 防护林主要森林类型培育目标

培育(生产)目标	森林类型	目标林型	经营特点	适用区域(附录 A 区号)
水源涵养	阔叶混交林、杨桦林等天然次生林(原生林)	异龄复层林	长伐期,正常抚育措施、择伐,人工促进天然更新	1、2、5
水源涵养兼顾用材	栎类林、阔叶混交林、杨桦林等次生林	前期单层林,后期复层林	长伐期,中强度抚育、择伐、渐伐,人工促进天然更新	1、2、5
	红松、落叶松及水曲柳、胡桃楸、白桦、椴树、杨树、柳树、榆树、枫杨等人工林	单层林或复层林、针阔混交林	长伐期,择伐、渐伐或小面积皆伐,人工促进更新	1、2、3、4、5
水土保持	栎类林、阔叶混交林等天然次生林(原生林)	单层林或异龄复层林	禁伐,人工补植	1、2、5
水土保持兼顾用材	栎类林、阔叶混交林、杨桦林等次生林	单层林或复层林	长伐期,弱度抚育、择伐,人工促进更新	1、2、5
	红松、日本落叶松、油松、樟子松及栎类、刺槐、侧柏等人工林	单层林或复层林	长伐期,择伐或小面积皆伐,人工更新或人工促进更新	1、2、3、4、5
防风固沙(农田牧场防护)	樟子松、油松、杨树、刺槐、柳树、榆树等人工林	单层林	正常或长伐期,人工更新	2、3、4、5
防风固沙(农田牧场防护)兼顾用材	杨树等人工林	单层林	正常伐期,人工更新	2、3、4、5

附录 C
（资料性附录）
森林主导功能分类

C.1 森林主导功能分类见表 C.1。

表 C.1　森林主导功能分类

森林类别	林种	亚林种	主导功能
公益林（地）	（一）防护林	11. 水源涵养林	涵养水源、改善水文状况、调节区域水分循环，防止河流、湖泊、水库淤塞，保护饮用水水源
		12. 水土保持林	减缓地表径流、减少冲刷、防止水土流失、保持和恢复土地肥力
		13. 防风固沙林	降低风速、防止或减缓风蚀、固定沙地，保护耕地、果园、经济作物、牧场免受风沙侵袭
		14. 农田牧场防护林	保护农田、牧场减免自然灾害，改善自然环境，保障农、牧业生产条件
		15. 护岸林	防止河岸、湖岸、海岸冲刷崩塌、固定河床
		16. 护路林	保护铁路、公路免受风、沙、水、雪侵害
		17. 其他防护林	防火、防雪、防雾、防烟、护渔等其他防护作用
	（二）特种用途林	21. 国防林	掩护军事设施和用作军事屏障
		22. 实验林	提供教学或科学实验场所，包括科研试验林、教学实习林、科普教育林、定位观测林等
		23. 母树林	培育优良种子，包括母树林、种子园、子代测定林、采穗圃、树木园、种质资源和基因保存林等

（续）

森林类别	林种	亚林种	主导功能
公益林（地）	（二）特种用途林	24. 环境保护林	净化空气、防止污染、降低噪音、改善环境，包括城市及城郊结合部、工矿企业内、居民区与村镇绿化区
		25. 风景林	满足人类生态需求，美化环境，包括风景名胜区、森林公园、度假区、滑雪场、狩猎场、城市公园、乡村公园等场所
		26. 名胜古迹和革命纪念林	名胜古迹和革命纪念地，包括自然与文化遗产地、历史与革命遗址地，以及纪念林、文化林、古树名木等
		27. 自然保护区林	自然保护区（小区）内以典型生态系统保护和珍稀动植物资源及栖息地或原生地、保存和重建自然遗产与自然景观
商品林（地）	（三）用材林	31. 短轮伐期工业原料用材林	生产纸浆材及特殊工业用木质原料，按照工程项目管理，采取集约经营、定向培育
		32. 速生丰产用材林	使用良种壮苗和实施集约经营，缩短培育周期，获取最佳经济效益，生长指标达到相应树种速生丰产林国家（行业）标准
		33. 一般用材林	其他生产木材为主要目的的森林、林木
	（四）薪炭林	41. 薪炭林	生产热能燃料
	（五）经济林	51. 果树林	生产各种干、鲜果品
		52. 食用原料林	生产食用油料、饮料、调料、香料等
		53. 林化工业原料林	生产树脂、木栓、单宁等非木质林产化工原料
		54. 药用林	生产药材、药用原料
		55. 其他经济林	生产其他林副、特产品

附录 D
(规范性附录)
各林种、树种(组)主伐(更新)年龄

D.1 各林种、树种(组)主伐(更新)年龄见表 D.1。

表 D.1 各林种、树种(组)主伐(更新)年龄

树种	起源	一般用材林	公益林
红松、华山松	天然	≥121	≥141
	人工	≥81	≥91
云杉、冷杉	天然	≥101	≥121
	人工	≥61	≥71
樟子松	人工	≥41	≥51
油松、赤松、黑松	天然	≥61	≥81
	人工	≥41	≥51
落叶松	人工	≥41	≥51
刺　槐	人工	≥16	≥21
胡、椴、榆、桦、黄、水、花、色	天然	≥61	≥81
	人工	≥51	≥61
栎类(柞)	天然	≥61	≥71
	人工	≥61	≥71
慢生杨树组	天然	≥31	≥36
	人工	≥26	≥31
中生杨树组	人工	≥16	≥21
速生杨树组	人工	≥13	≥17
赤杨、枫杨	天然	≥31	≥36
	人工	≥31	≥36
白桦、山杨	天然	≥26	≥31

注：胡：胡桃楸；椴：糠椴、紫椴等；榆：春榆等；桦：黄桦、黑桦等；黄：黄波罗；水：水曲柳；花：花曲柳；色：色木类；栎(柞)类：包括蒙古栎、辽东栎、麻栎等；落叶松：日本落叶松、长白落叶松、华北落叶松、兴安落叶松；慢生杨树组：小叶杨、小青杨、香杨、大青杨、青杨、山杨、柳等乡土树种；中生杨树组：小钻杨、北京杨、群众杨、赤峰杨、昭林 6 号杨、白城杨、小黑杨、辽胡 1 号杨、辽胡 2 号杨、新疆杨、银中杨、旱快柳等；速生杨树组：毛白杨、84K 杨、辽宁杨、辽河杨、盖杨、荷兰 3930 杨、荷兰 3016 杨、沙兰杨、I－214 杨、辽育 1 号杨、辽育 2 号杨、辽育 3 号杨、中绥 4 号杨、健杨、中辽 1 号杨等。

附录 E
(规范性附录)
主要树种(组)龄级期限

E.1 人工林主要树种(组)龄级期限见表 E.1。

表 E.1 人工林主要树种(组)龄级期限

树种(组)	起源	幼龄林	中龄林	近熟林	成熟林	过熟林	龄级期限
红松、华山松	实生	40 以下	41～70	71～80	81～100	101 以上	10
云杉、冷杉类	实生	30 以下	31～50	51～60	61～80	81 以上	10
樟子松	实生	20 以下	21～30	31～40	41～60	61 以上	10
油松、赤松、黑松	实生	20 以下	21～30	31～40	41～60	61 以上	10
落叶松	实生	20 以下	21～30	31～40	41～60	61 以上	10
胡、椴、榆、桦、黄、水、花、色	实生	20 以下	21～40	41～50	51～70	71 以上	10
栎(柞)类	实生	30 以下	31～50	51～60	61～80	81 以上	10
赤杨、枫杨	萌生(实生)	15 以下	16～25	26～30	31～40	41 以上	5
白桦	萌生(实生)	10 以下	11～20	21～25	26～35	36 以上	5
刺槐	萌生(实生)	5 以下	6～10	11～15	16～25	26 以上	5
慢生杨树组	萌生	10 以下	11～20	21～25	26～35	36 以上	5
中生杨树组	萌生	5 以下	6～10	11～15	16～25	26 以上	5
速生杨树组	萌生	4 以下	5～8	9～12	13～20	21 以上	4

注：胡：胡桃楸；椴：糠椴、紫椴等；榆：春榆等；桦：黄桦、黑桦等；黄：黄波罗；水：水曲柳；花：花曲柳；色：色木类；栎(柞)类：包括蒙古栎、辽东栎、麻栎等；落叶松：日本落叶松、长白落叶松、华北落叶松、兴安落叶松；慢生杨树组：小叶杨、小青杨、香杨、大青杨、青杨、山杨、柳等乡土树种；中生杨树组：小钻杨、北京杨、群众杨、赤峰杨、昭林 6 号杨、白城杨、小黑杨、辽胡 1 号杨、辽胡 2 号杨、新疆杨、银中杨、旱快柳等；速生杨树组：毛白杨、84K 杨、辽宁杨、辽河杨、盖杨、荷兰 3930 杨、荷兰 3016 杨、沙兰杨、I－214 杨、辽育 1 号杨、辽育 2 号杨、辽育 3 号杨、中绥 4 号杨、健杨、中辽 1 号杨等。

E. 2 天然林主要树种(组)龄级期限见表 E. 2。

表 E. 2　天然林主要树种(组)龄级期限

树种(组)	起源	幼龄林	中龄林	近熟林	成熟林	过熟林	龄级期限
红松	实生	60 以下	61 ~ 110	111 ~ 120	121 ~ 141	141 以上	10
云杉、冷杉类	实生	50 以下	51 ~ 90	91 ~ 100	101 ~ 120	121 以上	10
油松、赤松、黑松	实生	30 以下	31 ~ 50	51 ~ 60	61 ~ 80	81 以上	10
胡、椴、榆、黄、桦、水、花、色	实生(萌生)	30 以下	31 ~ 50	51 ~ 60	61 ~ 80	81 以上	10
栎(柞)类	实生(萌生)	30 以下	31 ~ 50	51 ~ 60	61 ~ 80	81 以上	10
慢生杨树组	实生(萌生)	15 以下	16 ~ 25	26 ~ 30	31 ~ 40	41 以上	5
赤杨、枫杨	实生(萌生)	15 以下	16 ~ 25	26 ~ 30	31 ~ 40	41 以上	5
白桦、山杨	实生(萌生)	10 以下	11 ~ 20	21 ~ 25	26 ~ 35	36 以上	5

注：胡：胡桃楸；椴：糠椴、紫椴等；榆：春榆等；桦：黄桦、黑桦等；黄：黄波罗；水：水曲柳；花：花曲柳；色：色木类；栎(柞)类：包括蒙古栎、辽东栎、麻栎等；慢生杨树组：小叶杨、小青杨、香杨、大青杨、青杨、山杨、柳等乡土树种。

附录 F
(规范性附录)
主要树种(组)抚育开始期和间隔期

F.1 主要树种(组)抚育开始期和间隔期见表 F.1。

表 F.1 主要树种(组)抚育开始期和间隔期

树 种	开始期	间隔期
红松	≥7	≥3
落叶松	≥6	≥3
樟子松	≥6	≥3
油松	≥6	≥3
栎(柞)类	≥6	≥3
刺槐	≥3	≥2
阔叶树	≥6	≥3
慢生杨树组	≥3	≥2
中生杨树组	≥2	—
速生杨树组	≥2	—
针阔混交林	≥6	≥3

注：红松：包括华山松、云杉、冷杉、北美乔松；落叶松：包括日本落叶松、长白落叶松、兴安落叶松等；油松：包括赤松、黑松等；栎(柞)类：包括蒙古栎、辽东栎、麻栎等；阔叶树：指由优势树种不明显的阔叶树组成的天然次生林及人工栽植的阔叶树；针阔混交林：主要指人工针叶树与天然阔叶树形成的混交林；慢生杨树组：小叶杨、小青杨、香杨、大青杨、青杨、山杨、柳等乡土树种；中生杨树组：小钻杨、北京杨、群众杨、赤峰杨、昭林 6 号杨、白城杨、小黑杨、辽胡 1 号杨、辽胡 2 号杨、新疆杨、银中杨、旱快柳等；速生杨树组：毛白杨、84K 杨、辽宁杨、辽河杨、盖杨、荷兰 3930 杨、荷兰 3016 杨、沙兰杨、I－214 杨、辽育 1 号杨、辽育 2 号杨、辽育 3 号杨、中绥 4 号杨、健杨、中辽 1 号杨等。

附录 G
（规范性附录）
一般用材林主要树种（组）抚育采伐适宜保留株数

G.1 一般用材林主要树种(组)抚育采伐适宜保留株数见表 G.1。

表 G.1　一般用材林主要树种(组)抚育采伐适宜保留株数

单位：株/ hm^2

径阶(cm)	树种(组)						
	红松	落叶松	樟子松	油松	栎(柞)类	硬阔叶林	软阔叶林
6	1650～2100	2100～2700	1440～1800	1800～2250	1890～2340	1650～2550	2400～3060
8	1440～1800	1650～2100	1200～1500	1500～1860	1530～1890	1320～1650	1800～2100
10	1200～1500	1200～1500	960～1260	1230～1590	1260～1590	1150～1320	1320～1890
12	1080～1320	1050～1380	750～1080	1050～1380	1080～1320	960～1200	1110～1410
14	900～1110	960～1140	600～840	840～1140	900～1110	810～1050	990～1200
16	750～960	810～1050	480～690	720～960	780～990	750～900	870～960
18	690～840	750～960	420～540	630～840	660～870	660～810	780～820
20	600～750	690～870	360～480	570～720	600～750	600～750	600～720
22	540～690	630～750	330～420	510～630	540～660	540～690	510～600
24	480～600	570～660	300～390	450～540	510～630	480～600	450～540
26	420～540	510～600	300	360～450	480～600	450～540	450
28	360～480	450～540	—	300～390	450～540	420～480	—
30 以上	360	450	—	300	450	420	—

注：红松：包括华山松、云杉、冷杉、北美乔松；落叶松：包括日本落叶松、长白落叶松、兴安落叶松等；油松：包括赤松、黑松等；栎(柞)类：包括蒙古栎、辽东栎、麻栎等；硬阔叶林：包括水曲柳、胡桃楸、黄波罗、色木、榆树等；软阔叶林：包括柳、桦、赤杨、椴树等。

续表 G.1 一般用材林主要树种(组)抚育采伐适宜保留株数

单位:株/ hm^2

径阶(cm)	树种(组)						
	杨桦林	杂木林	刺槐	慢生杨树组	中生杨树组	速生杨树组	针阔混交林
6	1800 ~ 2700	1830 ~ 2370	2010 ~ 2700	1680 ~ 2100	420 ~ 840	330 ~ 540	1590 ~ 2100
8	1440 ~ 1950	1470 ~ 1830	1540 ~ 2100	1680 ~ 2100	420 ~ 840	330 ~ 540	1110 ~ 1710
10	1290 ~ 1560	1170 ~ 1470	1200 ~ 1540	840 ~ 1050	420 ~ 840	330 ~ 540	930 ~ 1320
12	1020 ~ 1260	990 ~ 1170	930 ~ 1200	840 ~ 1050	420 ~ 840	330 ~ 540	870 ~ 1110
14	930 ~ 1170	810 ~ 990	720 ~ 930	420 ~ 510	420 ~ 840	330 ~ 540	810 ~ 1050
16	810 ~ 1080	720 ~ 810	600 ~ 720	420 ~ 510	420 ~ 840	330 ~ 540	750 ~ 930
18	690 ~ 960	630 ~ 720	540 ~ 600	420 ~ 510	420 ~ 840	330 ~ 540	690 ~ 840
20	600 ~ 870	570 ~ 630	510 ~ 540	420 ~ 510	420 ~ 840	330 ~ 540	630 ~ 750
22	510 ~ 690	510 ~ 570	450 ~ 510	420 ~ 510	420 ~ 840	330 ~ 540	570 ~ 690
24	450 ~ 570	450 ~ 510	420 ~ 480	420	420	330	510 ~ 600
26	450	450	420	—	—	—	450 ~ 510
28	—	—	—	—	—	—	390 ~ 450
30 以上	—	—	—	—	—	—	390

注:杨桦林:包括以杨、桦为优势树种的纯林和混交林;杂木林:指由优势树种不明显的阔叶树组成的天然次生林;针阔混交林:主要指人工针叶树与天然阔叶树形成的混交林;慢生杨树组:小叶杨、小青杨、香杨、大青杨、青杨、山杨、柳等乡土树种;中生杨树组:小钻杨、北京杨、群众杨、赤峰杨、昭林 6 号杨、白城杨、小黑杨、辽胡 1 号杨、辽胡 2 号杨、新疆杨、银中杨、旱快柳等;速生杨树组:毛白杨、84K 杨、辽宁杨、辽河杨、盖杨、荷兰 3930 杨、荷兰 3016 杨、沙兰杨、I – 214 杨、辽育 1 号杨、辽育 2 号杨、辽育 3 号杨、中绥 4 号杨、健杨、中辽 1 号杨等。

附录 H
(规范性附录)
速生丰产林、工业原料林主要树种(组)抚育采伐适宜保留株数

H. 1 速生丰产林主要树种(组)抚育采伐适宜保留株数见表 H. 1。

表 H. 1　速生丰产林主要树种(组)抚育采伐适宜保留株数　　单位:株/hm^2

树种(组)	径阶(cm)										
	6	8	10	12	14	16	18	20	22	24	26 以上
红松	2280 ~ 2670	1800 ~ 2070	1440 ~ 1680	1200 ~ 1410	1020 ~ 1170	870 ~ 1020	780 ~ 960	720 ~ 840	660 ~ 810	600 ~ 750	540
日本落叶松	2910 ~ 3300	2130 ~ 2400	1680 ~ 1860	1380 ~ 1500	1170 ~ 1260	990 ~ 1080	870 ~ 930	780 ~ 810	630 ~ 780	540 ~ 690	540
长白落叶松	2220 ~ 2610	1740 ~ 2070	1410 ~ 1650	1200 ~ 1350	1020 ~ 1140	900 ~ 1030	810 ~ 960	720 ~ 840	630 ~ 780	540 ~ 700	540
云、冷杉	2730 ~ 2970	2310 ~ 2520	1950 ~ 2130	1650 ~ 1800	1350 ~ 1500	1110 ~ 1230	870 ~ 990	690 ~ 780	630 ~ 690	570 ~ 600	540
白桦	2250 ~ 2580	1740 ~ 2010	1200 ~ 1380	990 ~ 1140	810 ~ 930	690 ~ 780	600 ~ 690	600	—	—	—
中生杨树组	270 ~ 400	270 ~ 400	270 ~ 400	270 ~ 400	270 ~ 400	270 ~ 400	270 ~ 400	270 ~ 400	270 ~ 400	270 ~ 400	270
速生杨树组	240 ~ 330	240 ~ 330	240 ~ 330	240 ~ 330	240 ~ 330	240 ~ 330	240 ~ 330	240 ~ 330	240 ~ 330	240 ~ 330	240

注:中生杨树组:小钻杨、北京杨、群众杨、赤峰杨、昭林 6 号杨、白城杨、小黑杨、辽胡 1 号杨、辽胡 2 号杨、新疆杨、银中杨、旱快柳等;速生杨树组:毛白杨、84K 杨、辽宁杨、辽河杨、盖杨、荷兰 3930 杨、荷兰 3016 杨、沙兰杨、I－214 杨、辽育 1 号杨、辽育 2 号杨、辽育 3 号杨、中绥 4 号杨、健杨、中辽 1 号杨等。

H. 2 工业原料林主要树种(组)抚育采伐适宜保留株数见表 H. 2。

表 H. 2　工业原料林主要树种(组)抚育采伐适宜保留株数

单位:株/hm^2

树种(组)	径阶(cm)							
	6	8	10	12	14	16	18	20 以上
日本落叶松	3120 ~ 3420	2520 ~ 2820	2010 ~ 2400	1620 ~ 2010	1410 ~ 1710	1260 ~ 1410	1110 ~ 1260	1050 ~ 1200
长白落叶松	3240 ~ 3450	2550 ~ 2860	2040 ~ 2490	1680 ~ 2070	1440 ~ 1770	1320 ~ 1470	1170 ~ 1320	1110 ~ 1260
栎(柞)类	3900 ~ 4200	3200 ~ 3500	2700 ~ 3100	2300 ~ 2700	1700 ~ 2200	1300 ~ 1650	—	—
赤杨	1740 ~ 2070	1410 ~ 1650	1200 ~ 1350	1020 ~ 1140	900 ~ 1020	810 ~ 960	—	—
白桦	3000 ~ 3200	2460 ~ 2700	2040 ~ 2400	1650 ~ 1980	1350 ~ 1740	1050 ~ 1260	—	—
刺槐	3700 ~ 4100	3000 ~ 3400	2600 ~ 3000	2200 ~ 2600	1530 ~ 2100	1170 ~ 1530	—	—
速生杨树组	1110 ~ 2010	1110 ~ 2010	1110 ~ 2010	1110 ~ 2010	1110 ~ 2010	1110 ~ 2010	—	—
黄波罗	3900 ~ 4100	3100 ~ 2800	2630 ~ 2900	2240 ~ 2500	1550 ~ 2000	1300 ~ 1400	1200 ~ 1300	1100 ~ 1200

注:栎(柞)类:包括蒙古栎、辽东栎、麻栎等;速生杨树组:毛白杨、84K 杨、辽宁杨、辽河杨、盖杨、荷兰 3930 杨、荷兰 3016 杨、沙兰杨、I-214 杨、辽育 1 号杨、辽育 2 号杨、辽育 3 号杨、中绥 4 号杨、健杨、中辽 1 号杨等。

附录 I
（规范性附录）
大径材林、果材兼用林主要树种（组）抚育采伐适宜保留株数

I. 1 大径材林主要树种（组）抚育采伐适宜保留株数见表 I. 1。

表 I. 1　大径材林主要树种（组）抚育采伐适宜保留株数　　单位：株/hm^2

径阶（cm）	树种（组）									
	红松	云杉、冷杉	落叶松	油松	樟子松	栎（柞）类	硬阔叶树	刺槐	中生杨树组	速生杨树组
6	1650～2010	1650～1740	1740～2100	1800～2100	1200～1500	1890～2340	1500～1770	1530～2100	270～400	240～330
8	1440～1680	1500～1650	1440～1650	1500～1800	810～960	1530～1890	1110～1320	1170～1530	270～400	240～330
10	1110～1260	1200～1350	1140～1350	1230～1500	510～600	1260～1590	960～1100	930～1160	270～400	240～330
12	900～1020	990～1110	900～1050	1050～1350	390～450	1080～1320	840～930	720～920	270～400	240～330
14	780～900	810～960	750～870	780～1020	300～330	900～1110	780～840	600～720	270～400	240～330
16	690～780	690～810	690～750	690～900	—	750～9600	720～780	540～600	270～400	240～330
18	600～690	600～690	630～690	570～780	—	660～840	540～690	510～540	270～400	240～330
20	510～600	540～600	540～630	510～660	—	540～630	510～540	450～510	270～400	240～330
22	450～510	450～540	480～540	450～570	—	510～540	450～510	390～450	270～400	240～330
24	390～450	390～450	390～480	390～480	—	450～510	390～450	330～390	270	240
26	330～390	330～390	360～420	300～450	—	420～480	360～390	300～360	—	—

（续）

径阶(cm)	树种(组)									
	红松	云杉、冷杉	落叶松	油松	樟子松	栎(柞)类	硬阔叶树	刺槐	中生杨树组	速生杨树组
28	300 ~ 360	270 ~ 330	330 ~ 390	240 ~ 360	—	390 ~ 450	330 ~ 360	270 ~ 330	—	—
30 以上	300	270	330	240	—	390	330	240	—	—

注：落叶松：包括日本落叶松、长白落叶松；栎(柞)类：包括蒙古栎、辽东栎、麻栎等；硬阔叶林：包括水曲柳、胡桃楸、黄波罗、色木、榆树等；中生杨树组：小钻杨、北京杨、群众杨、赤峰杨、昭林 6 号杨、白城杨、小黑杨、辽胡 1 号杨、辽胡 2 号杨、新疆杨、银中杨、旱快柳等；速生杨树组：毛白杨、84K 杨、辽宁杨、辽河杨、盖杨、荷兰 3930 杨、荷兰 3016 杨、沙兰杨、I－214 杨、辽育 1 号杨、辽育 2 号杨、辽育 3 号杨、中绥 4 号杨、健杨、中辽 1 号杨等。

I. 2 果材兼用林主要树种(组)抚育采伐适宜保留株数见表 I. 2。

表 I. 2 果材兼用林主要树种(组)抚育采伐适宜保留株数 单位：株/hm^2

树种	径阶(cm)												
	6	8	10	12	14	16	18	20	22	24	26	28	30 以上
红　松	1800 ~ 2070	1410 ~ 1620	1110 ~ 1260	900 ~ 1020	780 ~ 900	690 ~ 780	600 ~ 690	510 ~ 600	420 ~ 510	360 ~ 430	300 ~ 360	240 ~ 300	240
胡桃楸	1200 ~ 1410	900 ~ 1050	690 ~ 810	600 ~ 690	540 ~ 600	480 ~ 540	420 ~ 480	360 ~ 420	300 ~ 360	270 ~ 330	210 ~ 270	180 ~ 210	180

附录 J
（规范性附录）
生态重要性分级标准

J. 1 生态重要性分级标准见表 J. 1。

表 J. 1　生态重要性分级标准

对　象	生态重要性等级			
	1	2	3	4
河　流	流程 1000km 以上河流和一级支流发源地汇水区	流程 500km 以上河流和一级支流发源地汇水区，以及 1000km 以上河流一级上游两侧自然地形第一层山脊以内地段	其他河流发源地汇水区及中上游两侧	其他河流中下游两侧
湖　库	饮用水源湖库周边自然地形中第一层山脊以内和平坦处 500m 以内地段	库容 1000 万 m^3 以上湖库周边自然地形中第一层山脊以内和平坦处 500m 以内地段	库容（10 ~ 1000）万 m^3 湖库周边	库容 10 万 m^3 以下湖库周边
山　体	重要分水岭的山顶、山帽、山脊	其他山体的山顶、山脊	山体中上部	下部与山谷
公路、铁路	—	生态脆弱性等级 2 级以上山区国道、省主干线两侧一面坡以内、生态脆弱等级 2 级以下山区和风沙区国道、省道两侧（6 ~ 12）m 以内地段	县级以下公路两侧	—
自然保护区	核心区	缓冲区	实验区	—
森林公园与风景区	生态保护区（核心景区）	游览区	生活服务区	—
天然林	地带性顶极群落	生态脆弱等级 2 级以上地区的天然林	其他集中连片分布的天然林	其他天然林

附录 K
（规范性附录）
生态脆弱性分级标准

K. 1 生态脆弱性分级标准见表 K. 1。

表 K. 1 生态脆弱性分级标准

因子	生态脆弱性等级			
	1	2	3	4
坡度	>36°	25°~36°	16°~25°	≤15°
植被盖度	≤0. 2	0. 21~0. 4	0. 41~0. 6	>0. 6
裸岩率	>51%	41%~50%	21%~40%	≤20%
土壤侵蚀程度	严重侵蚀（崩山、深度沟蚀、侵蚀沟活动明显），沟壑密度 >3 km/km^2，沟蚀面积 >21%	强度侵蚀（沟蚀、重度面蚀），沟壑密度（1~3）km/km^2，沟蚀面积 15%~20%	中度侵蚀（表土面蚀较严重），沟壑密度 <1 km/km^2，沟蚀面积 <10%	轻度或无明显侵蚀，表土层基本完整
风力侵蚀程度	极强度风蚀（广布沙丘、沙垄，流动性大）	强度风蚀（有流动或半固定性沙丘或风蚀残丘）	中度风蚀（常见半固定、固定的沙地、沙垄或沙质土）	轻、微度风蚀
农田牧场分布特点	—	面积大、集中连片	面积较大，但交错分布	零星分布
海岸基质类型	沙质海岸线 200m 以内或泥质海岸线 100m 以内	泥质海岸线 200m 以外 500m 以内或泥质海岸线 100m 以外 300m 以内	砾质	基岩完整

附录 L
（规范性附录）
国家级公益林分级标准

L. 1 国家级公益林分级标准见表 L. 1。

表 L. 1　国家级公益林分级标准

<table>
<tr><th rowspan="2">类　别</th><th colspan="3">国家级公益林等级</th></tr>
<tr><th>一级</th><th>二级</th><th>三级</th></tr>
<tr><td>重点区位</td><td>世界自然遗产地、国际重要湿地、国家级自然保护区、国家级森林公园、江河源头的林地</td><td>国家重要湿地的有林地、灌木林地</td><td rowspan="6">一级、二级以外的其他林地</td></tr>
<tr><td>坡度</td><td>山体坡度 36° 以上江河两岸的有林地、灌木林地</td><td>山体坡度 36° 以上江河两岸的疏林地、未成林地</td></tr>
<tr><td>饮用水源保护区</td><td>重要水库周边和山体坡度 36° 以下江河两岸，属于饮用水水源一级保护区内的有林地、灌木林地</td><td>重要水库和山体坡度 36° 以下江河两岸，属于饮用水水源一级保护区内的疏林地、未成林地，不属于饮用水水源一级保护区内的有林地、灌木林地</td></tr>
<tr><td>荒漠化和水土流失严重地区</td><td>荒漠化和水土流失严重地区年均降水量 400mm 以下地区的有林地，以及覆盖度 60% 以上的灌木林地</td><td>荒漠化和水土流失严重地区年均降水量 400mm 以上地区的有林地、灌木林地，以及年均降水量 400mm 以下地区的疏林地、覆盖度 60% 以下的灌木林地</td></tr>
<tr><td>沿海</td><td>沿海防护林基干林带</td><td>—</td></tr>
<tr><td>边境地区</td><td>边境地区的有林地、灌木林地</td><td>边境地区的疏林地、未成林地</td></tr>
<tr><td colspan="4">注：饮用水水源保护区按照《饮用水水源保护区划分技术规范（HJ/T 338—2007）》标准确定</td></tr>
</table>

附录 M
（规范性附录）
公益林主要树种（组）抚育采伐适宜保留株数

M.1 公益林主要树种（组）抚育采伐适宜保留株数见表 M.1。

表 M.1 公益林主要树种（组）抚育采伐适宜保留株数

单位：株/hm^2

径阶（cm）	树种（组）						
	红松	落叶松	樟子松	油松	栎（柞）类	硬阔叶林	软阔叶林
6	2100~2550	2400~3000	1500~1800	1710~2250	2340~2670	2550~3030	3060~3810
8	1650~1950	1800~2250	1260~1500	1350~1710	1890~2160	1650~2040	2010~2400
10	1200~1440	1350~1590	1020~1200	1110~1470	1410~1590	1200~1500	1440~1710
12	990~1200	1020~1260	810~960	930~1260	1140~1380	960~1200	1140~1350
14	810~990	930~1050	630~750	840~1140	990~1170	810~960	960~1110
16	720~810	780~960	510~600	750~1050	810~1020	750~840	840~990
18	630~720	690~810	450~480	630~840	690~870	660~780	750~840
20	570~630	600~690	390~450	540~720	600~780	570~690	570~720
22	480~540	540~600	330~390	480~540	510~630	510~600	480~600
24	420~540	510~600	330	420~510	480~600	450~540	420~510
26	360~480	450~540	—	330~420	450~540	420~480	420
28	300~420	420~510	—	270~360	420~480	390~450	—
30 以上	300	420	—	270	420	390	—

注：红松：包括华山松、云杉、冷杉、北美乔松；落叶松：包括日本落叶松、长白落叶松、兴安落叶松等；油松：包括赤松、黑松等；栎（柞）类：包括蒙古栎、辽东栎、麻栎等；硬阔叶林：包括水曲柳、胡桃楸、黄波罗、色木、榆树等；软阔叶林：包括柳、桦、赤杨、椴树等。

续表 M.1　公益林主要树种(组)抚育采伐适宜保留株数

单位:株/hm^2

径阶(cm)	树种(组)						
	杂木林	刺槐	山杏	慢生杨树组	中生杨树组	速生杨树组	针阔混交林
6	2370~2850	2580~3150	750~900	1680~2100	840~1680	660~1080	2100~2520
8	1830~2220	2010~2700	750~900	1680~2100	840~1680	660~1080	1590~1710
10	1350~1650	1410~1920	750~900	840~1050	420~840	330~540	1020~1230
12	1050~1320	1080~1410	750~900	840~1050	420~840	330~540	840~1020
14	900~1080	840~1080	750~900	420~510	420~840	330~540	810~960
16	750~900	660~900	750~900	420~510	420~840	330~540	750~840
18	630~840	540~810	750~900	420~510	420~840	330~540	660~750
20	540~660	480~660	—	420~510	420~840	330~540	570~660
22	480~600	420~570	—	420~510	420~840	330~540	510~600
24	420~510	390~480	—	420	270	240	450~510
26	420	390	—	—	—	—	390~450
28	—	—	—	—	—	—	360~420
30以上	—	—	—	—	—	—	360

注:杂木林:指由优势树种不明显的阔叶树组成的天然次生林;针阔混交林:主要指人工针叶树与天然阔叶树形成的混交林;慢生杨树组:小叶杨、小青杨、香杨、大青杨、青杨、山杨、柳等乡土树种;中生杨树组:小钻杨、北京杨、群众杨、赤峰杨、昭林6号杨、白城杨、小黑杨、辽胡1号杨、辽胡2号杨、新疆杨、银中杨、旱快柳等;速生杨树组:毛白杨、84K杨、辽宁杨、辽河杨、盖杨、荷兰3930杨、荷兰3016杨、沙兰杨、I-214杨、辽育1号杨、辽育2号杨、辽育3号杨、中绥4号杨、健杨、中辽1号杨等。

附录 N
（资料性附录）
用材林主要目的树种名录

N.1 用材林主要目的树种名录见表 N.1。

表 N.1　用材林主要目的树种名录

树种	拉丁名	适生范围
红松	*Pinus koraiensis*	辽东山区及辽南部分山地
华山松	*P. armandi*	辽东低山丘陵区及辽南部分山地
北美乔松	*P. strobus*	辽东低山丘陵区
油松	*P. tabulaeformis*	全省
日本黑松	*P. thunbergii*	辽东半岛丘陵山地
赤松	*P. densiflora*	辽东半岛及丹东部分山地
樟子松	*P. sylvestris* var. *mongolica*	辽西北平原、沙地及丘陵山地
日本落叶松	*Larix kaempferi*	辽东山区、辽东半岛
长白落叶松	*L. olgensis*	抚顺、本溪、铁岭市
华北落叶松	*L. principis-rupprechtii*	朝阳、锦州、葫芦岛部分山地
长白鱼鳞松	*Picea jezoensis* var. *komarovii*	辽东山区
红皮云杉	*P. koraiensis*	全省
青杆	*P. wilsonii*	全省
白杆	*P. meyeri*	全省
沙松	*Abies holophylla*	辽东山区
臭松	*A. nephrolepis*	辽东山区
侧柏	*Platycladus orientalis*	大连、阜新、朝阳、锦州、葫芦岛市等
大白柳	*Salix maximowiczii*	辽东山区
旱柳	*S. matsudana*	全省
旱快柳	*S. matsudana* var. *anshanensis*	全省
钻天柳	*Chosenia arbutifolia*	辽东山区清原、新宾、桓仁、宽甸等地
胡桃楸	*Juglans mandshurica*	辽东山区
枫杨	*Pterocarya stenoptera*	大连、丹东、本溪、锦州、营口等地

（续）

树种	拉丁名	适生范围
黄桦	*Betula costata*	辽东山区
白桦	*B. platyphylla*	辽东山区
黑桦	*B. dahurica*	辽东山区
赤杨	*Alnus japonica*	辽东半岛
色赤杨	*A. tinctoria*	沈阳、抚顺、本溪、丹东、铁岭等地
千金榆	*Carpinus cordata*	辽东山区
蒙古栎	*Quercus mongolica*	全省山地
辽东栎	*Q. liaotungensis*	全省山地
槲树	*Q. dentata*	辽东半岛、辽西山地
麻栎	*Q. acutissima*	辽东半岛、辽西山地
栓皮栎	*Q. variabilis*	辽东半岛、辽西山地
家榆	*Ulmus pumila*	全省
春榆	*U. propinqua*	辽东山区
黄榆	*U. macrocarpa*	全省
裂叶榆	*U. laciniata*	辽东山区
稠李	*Prunus padus*	辽东山区
刺槐	*Robinia pseudoacacia*	铁岭以南（辽东高寒山区有冻害）
怀槐	*Maackia amurensis*	辽东山区、辽东半岛
黄波罗	*Phellodendron amurense*	全省
臭椿	*Ailanthus altissima*	辽宁西南部、南部
香椿	*Toona sinensis*	辽宁西南部、南部
色木槭	*Acer mono*	全省
元宝槭	*A. truncatum*	全省
白牛槭	*A. mandshuricum*	辽东山区
紫椴	*Tilia amurensis*	辽东山区
糠椴	*T. mandshurica*	全省
刺楸	*Kalopanax septemlobus*	辽东山区、辽东半岛
水曲柳	*Fraxinus mandshurica*	辽东山区、辽东半岛

（续）

树种	拉丁名	适生范围
花曲柳	*F. rhynchophylla*	全省
白蜡树	*F. chinensis*	辽东半岛
小叶杨	*Populus simonii*	全省
小青杨	*P. pseudo-simonii*	全省平原地区
香杨	*P. koreana*	辽东山区沟谷及河岸
大青杨	*P. ussuriensis*	辽东山区山中下腹及河岸
青杨	*P. cathayana*	辽东山区沟谷及河岸
山杨	*P. davidiana*	辽东山区山地
小钻杨	*P.* ×*xiaozhuanica*	全省平原地区
北京杨	*P.* ×‘Beijingensis’	全省平原地区
群众杨	*P.* ×*xiaozhuanica* cv.‘Popularis’	全省平原地区
赤峰杨	*P.* ×*xiaozhuanica* cv.‘Chifengensis’	辽西北平原地区
昭林 6 号杨	*P.* ×*xiaozhuanica* cv.‘Zhaolin－6’	辽西北平原地区
白城杨	*P.* ×*xiaozhuanica* cv.‘Baicheng’	辽北平原地区
小黑杨	*P. simonii* ×*P. nigra*	全省平原地区
辽胡 1、2 号杨	*P.* ×‘Liaohu-1’、*P.* ×‘Liaohu-2’	全省平原盐碱地区
新疆杨	*P. alba* var. *pyramidalis*	辽西及辽中南平原地区
银中杨	*P. alba* ×*P. berolinensis*	全省平原地区，主要绿化
毛白杨	*P. tomentosa*	大连、葫芦岛平原地区
84K 杨	*P. alba* ×*P. glandulosa*	辽中南平原地区
辽宁杨	*P.* ×‘Liaoningensis’	辽中南平原地区
辽河杨	*P.* ×‘Liaohenica’	辽中南平原地区
盖杨	*P.* ×‘Gaixianensis’	辽中南平原地区
荷兰 3930 杨	*P.* ×*euramericana* cv.‘N3930’	辽中南平原地区
荷兰 3016 杨	*P.* ×*euramericana* cv.‘N3016’	辽西及辽中南平原地区

（续）

树种	拉丁名	适生范围
沙兰杨	*P.* ×*euramericana* cv.‘Sacran-79’	辽中南平原地区
I－214 杨	*P.* ×*euramericana* cv.‘I-214’	辽中南平原地区
辽育 1、2 号杨	*P.* ×‘Liaoyu-1’，*P.* ×‘Liaoyu-2’	辽西及辽中南平原地区
辽育 3 号杨	*P.* ×‘Liaoyu-3’	辽中南平原地区
中绥 4 号杨	*P.* ×‘Zhongsui-4’	全省平原地区
健杨	*P.* ×*euramericana* cv.‘Robusta’	全省平原地区
中辽 1 号杨	*P.* ×*canadensis*‘Zhongliao 1’	辽中南平原地区

附录 O
（资料性附录）
国家及省级重点保护植物名录

O.1 国家级重点保护植物名录见表 O.1。

表 O.1 国家级重点保护植物名录

种名	拉丁学名	保护级别	科名
银杏	*Ginkgo biloba*	1	银杏科
紫杉	*Taxus cuspidata*	1	红豆杉科
红松	*Pinus koraiensis*	2	松 科
刺五加	*Acanthopanax senticosus*	3	五加科
东北刺人参	*Oplopanax elatus*	2	五加科
人参	*Panax ginseng*	1	五加科
刺楸	*Kalopanax septemlobus*	2*	五加科
牛皮杜鹃	*Rhododendron chrysanthum*	3	杜鹃花科
胡桃楸	*Juglans mandshurica*	2*	胡桃科
黄芪	*Astrgalus membranaceus*	3	豆 科
野大豆	*Glycine soja*	2	豆 科
怀槐	*Maackia amurensis*	2*	豆 科
平贝母	*Fritillaria ussuriensis*	3	百合科
天女木兰	*Magnolia sieboldii*	3	木兰科
蒙古栎	*Quercus mongolica*	2*	壳斗科
水曲柳	*Fraxinus mandshurica*	2	木犀科
双蕊兰	*Diplandrorchis sinica*	2	兰科
天麻	*Gastrodia elata*	2	兰科
玫瑰	*Rosa rugosa*	3	蔷薇科
黄波罗	*Phellodendron amurense*	2	芸香科
钻天柳	*Chosenia arbutifolia*	2	杨柳科
青檀	*Pteroceltista tarinowii*	3	榆科
珊瑚菜	*Glehnia littoralis*	3	伞形科
狭叶瓶儿小草	*Ophioglossum thermale*	2	瓶儿小草科
紫椴	*Tilia amurensis*	2	椴树科
北沙参	*Glehnia littorlis*	2	桔梗科
中华结缕草	*Zoysia sinica*	2	禾本科

注：1 级：中国特有并具有极为重要的科研、经济或文化价值的濒临灭绝状态的植物物种；

2 级：分布范围逐渐缩小，种群处于衰竭状态，成熟植株明显减少，具有重要的科研或经济价值的植物物种；

3 级：分布范围狭小，生存环境特殊，具有科研或经济价值的稀有植物物种；

*：国家珍贵树种保护级别。

O.2 省级重点保护植物名录见表 O.2。

表 O.2 省级重点保护植物名录

种名	拉丁学名	保护级别	科名
甘草	*Glycyrrhiza uralensis*	2	豆科
骨碎补	*Davallia mariesil*	2	骨碎补科
东北绣线梅	*Neillia uekll*	2	蔷薇科
白玉山蔷薇	*Rosa balyushanensis*	2	蔷薇科
一轮贝母	*Fritillaria maximowiczl*	3	百合科
全缘贯众	*Cyrtomium falcatum*	3	鳞毛蕨科
商陆	*Phytolacca aclnosa*	3	商陆科
紫草	*Lithospermum erythrorhizon*	3	紫草科
辽细辛	*Asarum heterotropoides* var. *mandshuricum*	3	马兜铃科
汉城细辛	*A. sleboldll* var. *seoulense*	3	马兜铃科
关木通	*Aristolochia mandshur*	3	马兜铃科
雪柳	*Fontanesia fortunei*	3	木犀科
白花天麻	*Gastrodia elata blume* var. *pallens*	3	兰科
臭檀	*Evodia danicliii*	3	芸香科
裂叶榆	*Ulmus laciniata*	3	榆科
风箱果	*Physocarpus amurensis*	3	蔷薇科
鸡麻	*Rhodotypos scandens*	3	蔷薇科
山樱	*Prunus veecunda*	3	蔷薇科
朝鲜越橘	*Vaccinlum koreanum*	3	杜鹃花科
山荷叶	*Astilboides tabularis*	3	虎耳草科
华茶藨	*Ribes fasciculatum* var. *chinense*	3	虎耳草科
齿叶槭叶草	*Mukdenia acanthitolia*	3	虎耳草科
老铁山腺毛茶藨	*Ribesgiraldil* var. *polyanthum*	3	虎耳草科
长白瑞香	*Daphne koreanum*	3	瑞香科
芫花	*D. genkwa*	3	瑞香科
牛耳草	*Boea hygometria*	3	苦苣苔科
杜松	*Juniperus rigida*	3	柏 科
假福寿草	*Adonis pseudoamurensis*	3	毛茛科

（续）

种名	拉丁学名	保护级别	科名
丝叶唐松草	*Thalictrum foeniculaceum*	3	毛茛科
虎杖	*Polygonum cuspidatum*	3	蓼 科
木防己	*Cocculus trilobus*	3	防己科
三桠乌药	*Lindera obtuslloba*	3	樟科
苦树	*Picrasma quassloides*	3	苦木科
党参	*Codonopsis pilosula*	3	桔梗科
丹参	*Salvia miltlorrhiza*	3	唇形科
木根黄芩	*Scutellaria planlpes*	3	唇形科
龙胆草	*Gentiana scabra*	3	龙胆科
毛黄栌	*Cotinus coggygria* var. *pubescens*	3	漆树科
刺旋花	*Convolvulus tragacanthoides*	3	旋花科

注：1 级：中国特有并具有极为重要的科研、经济或文化价值的濒临灭绝状态的植物物种；

2 级：分布范围逐渐缩小，种群处于衰竭状态，成熟植株明显减少，具有重要的科研或经济价值的植物物种；

3 级：分布范围狭小，生存环境特殊，具有科研或经济价值的稀有植物物种。

附件 2

ICS 65. 020. 40
B 64

DB21

辽 宁 省 地 方 标 准

DB21/T 2020—2012

落叶松—红松复层林营建技术

(Technology on Larch and Korean Pine Multi-layered Forest Construction)

2012-09-27 发布　　　　2012-10-27 实施

辽宁省质量技术监督局　　发布

目　　录

前　　言

本规程的编制规则依据 GB/T 1.1—2009。

本规程的附录 A、B 为资料性附录。

本规程由辽宁省林业厅提出。

本规程由辽宁省林业厅归口。

本规程主要起草单位：辽宁省森林经营研究所、辽宁省实验林场、辽宁省林业有害生物防治检疫局。

本规程主要起草人：谭学仁、孔祥文、胡万良、张云江、葛芳、徐庆祥、金鑫、丁磊、丁国泉、池艳丽、姚立平、曾辉、张佩洁、周威、高原、刘景强、张凌梅、孙晶、孙红。

落叶松—红松复层林营建技术

1 范围

本标准规定了落叶松(*Larix* spp.)与红松(*Pinus koraiensis*)复层林的术语和定义、要求、栽培区域、营建技术、病虫害防治、档案建立、施工作业设计等内容。

本标准适用于辽宁东部林区日本落叶松(*Larix kaempferi*)、长白落叶松(*Larix olgensis*)林冠下更新红松培育落叶松—红松复层林的营建。

2 规范性引用文件

下列文件对于本文件的应用是必不可少的。凡是注日期的引用文件，仅所注日期的版本适用于本文件。凡是不注日期的引用文件，其最新版本(包括所有的修改单)适用于本文件。

GB/T 15776 造林技术规程

LY/T 1646 森林采伐作业规程

LY/T 1607 造林作业设计规程

DB21/T 1291 林木育苗技术规程

DB21/T 706 森林经营技术规程

3 术语和定义

下列术语和定义适用于本标准。

3.1 复层林

林冠是由 2 层 ~3 层具有明显区别的林冠层构成的森林。

3.2 落叶松—红松复层林

在落叶松主伐的前一个龄级以后通过疏伐措施保留一定

数量的上层林木，并在林冠下人工栽植红松，形成上层落叶松与下层红松的二层林。

3.3 二次渐伐

指在一个龄级期限内，为了促进冠下更新，将成熟林分两次采伐完的主伐更新方式。

3.4 保留木

在采伐作业区内，不作为采伐对象的林木。

3.5 冠下更新造林

对森林进行部分采伐后，仍保留一定的上层树冠郁闭度，并在林下采取人工方式进行更新的一种造林方式。

4 要求

4.1 落叶松伐后保留木郁闭度0.5～0.6。

4.2 冠下更新造林当年成活率≥95%，第3年保存率≥90%。

4.3 上层保留的落叶松树干修枝高度≥8m、90%林木树干通直，8m以下无分杈。

4.4 皆伐时上层保留木平均胸径日本落叶松≥30cm、长白落叶松≥26cm，冠下幼树保留株数≥1200株/hm^2，红松平均树高≥1.5m。

4.5 林下草本和灌木植被覆盖≥40%，无明显水土流失、侵蚀沟出现。

5 适宜区域

日本落叶松、长白落叶松与红松复层林的适宜营建区域位于长（春）大（连）线铁路以东（铁岭到大石桥一线以东），即北纬39°8′～43°12′，东经122°30′～125°15′，部分山地丘陵地区。

基本情况参见附录A。

6 营建技术

6.1 林分选择

6.1.1 落叶松林龄≥31 年。

6.1.2 冠下更新造林地块面积0.5～10hm^2，超过10hm^{2}需要采取带状采伐营造阔叶树带或保留萌生阔叶树。

6.2 上层木作业

6.2.1 在冠下更新造林的前一年进行上层木采伐作业，按照留优去劣的原则进行采伐木选择，采伐后上层保留木郁闭度保持在0.5～0.6，单位面积保留350～400 株/hm^2。

6.2.2 上层木采伐作业后对保留木进行修枝，修枝高度≥8m。

6.2.3 割除的杂草、灌木、梢头、枝丫等运出林地或窄带状顺山(坡度≥25°采取横山带状堆放)堆放，堆带宽≤1.5m，堆高≤0.5m，带间距≥10m。

6.2.4 适当保留天然更新的水曲柳、刺楸、黄波罗等珍优阔叶树幼苗(树)。

6.3 栽植密度

红松栽植密度为1600～2500 株/hm^2，即株行距2～2.5m×2～2.5m。

6.4 苗木

6.4.1 选用种子来源为辽宁地区的红松种子园、子代林、母树林及优良林分的种子所培育的苗木。

6.4.2 造林用苗木采用4～5 年Ⅰ级移植苗(不含嫁接苗)，标准应符合 DB21/T 1291《林木育苗技术规程》。

6.5 栽植

6.5.1 栽植季节

6.5.1.1 裸根苗造林在春季土壤解冻深度达到苗木主根长度时，苗木芽萌动之前进行，栽植时期宜提前。

6.5.1.2 营养杯造林在雨季或春季进行。

6.5.2 栽植方法

开穴直径 30cm，穴深超过苗木主根长 5cm，栽苗要扶正，根系舒展，先填湿的表土至坑深三分之二，轻提苗木后踩实，覆底土，再踩实，最后覆一层虚土，埋土深度至苗木原根际土印以上 1～2cm。

6.6 幼林抚育

6.6.1 割草、割灌抚育从当年开始，连续 3 年，每年 1 次。

6.6.2 割草、割灌在 6 月中上旬至 7 月上旬，如遇干旱年份可延至 8 月上旬进行。

6.6.3 幼林抚育时，将幼林地上的杂草、灌木全部割除或带状(穴状)割除(带宽、穴径 1.0m)，并清除带内的红松锈病寄主，留茬高度≤8cm，割除的杂草、灌木放在距幼树 50cm 以外，不得压苗。

6.6.4 冠下造林后 7～8 年时进行一次全面割除灌木、藤本植物及影响造林幼树生长的部分阔叶树作业。

6.6.5 结合割除灌木、藤本作业修去下层更新的红松幼树下部枯死枝及 2～3 轮濒死枝。

6.6.6 割除的灌木、藤本及修下的枝条等平铺在林地上，任其自然腐烂，对林内有侵蚀沟的应用树枝平铺沟内。

6.7 上层林木作业与管理

6.7.1 采伐林龄

6.7.1.1 一般用材林及大径材培育林采伐林龄≥41 年。

6.7.1.2 生态公益林采伐林龄≥51 年。

6.7.2 采伐方式

6.7.2.1 商品林的一般用材林和大径材培育林分，下层红松更新达到 10 年以上，上层木林龄达到 41 年生以上时，可一次伐除上层木。

6.7.2.2 生态公益林采取渐伐方式。当下层更新的红松达到

10 年生时，上层林木林龄≥41 年时，进行第一次渐伐，强度控制在伐前林木蓄积量的 35% 以内，伐后上层木保留 250 ~ 300 株/hm^2：当上层林木年龄≥51 年生，可一次伐除全部上层木，或再次渐伐林木蓄积量的 35% 以内，伐后上层木保留 150 ~ 200 株/hm^2。

6.7.3 采伐季节上层木采伐时间为除冬季以外的其他季节（春秋两季为宜）。

6.7.4 采伐注意事项

6.7.4.1 采伐作业应符合《森林采伐作业规程》（LY/T 1646—2005）相关技术要求，减少对保留木的伤害。

6.7.4.2 上层木作业后对保留木进行抚育作业，具体应符合《森林经营技术规程》（DB21/T 706—2013）相关技术标准。

6.8 红松经营与管理

上层保留的落叶松全部采伐完成后，按《森林经营技术规程》（DB21/T 706—2013）中红松人工林不同培育目标的相关技术规定执行。

7 病虫害防治

红松主要病害有红松落针病、红松疱锈病等；虫害主要有红松球蚜等。参见附录 B。

8 档案建立

应符合《森林经营技术规程》（DB21/T 706—2013）及相关技术要求。

9 施工作业设计

应符合《森林采伐作业规程》（LY/T 1646—2005）、《造林作业设计规程》（LY/T 1607）以及《森林经营技术规程》（DB21/T 706—2013）相关技术要求。

附录 A
(资料性附录)
落叶松—红松复层林培育适宜区域

表 A. 1　落叶松—红松复层林培育适宜区域概况

适宜区域范围	自然概况
西丰、抚顺、清原、新宾、本溪、宽甸、桓仁、岫岩、凤城县(市)、抚顺市郊区、本溪市郊区、丹东市郊区、沈阳市(东陵区、苏家屯区、沈北新区东部)、铁岭(红旗、鸡冠山、模道河)、开原(新边、李家台、黄旗寨、八棵树、上肥地、下肥地)、东港北部(黑沟、龙王庙、合隆、长安)、庄河(横道河子、蓉花山、步云山、三架山)、普湾新区(同益、俭汤、安波)、盖州(矿洞沟、太平庄、卧龙泉、旺兴仁、万福)、大石桥(吕王、建一、黄土岭)、海城(什司县、马风、接文、孤山)、鞍山市郊区(千山、孤山、唐家房)、辽阳(孤家子、甜水、水泉、吉洞峪、塔予岭)、灯塔(鸡冠山)	东经：122°30′~125°15′ 北纬：39°8′~43°12′ 海拔：100~800m 平均气温：4~10℃ ≥5℃积温：2800~3600℃ 年降水量：600~1100mm 4~7 月降水量：340~540mm 无霜期：127~178 天 干燥度：0.5~1.1 土壤：棕壤、暗棕壤

附录 B
(资料性附录)
红松主要病虫害防治方法

表 B.1 红松主要病虫害防治方法

病虫害名称	经营措施	药剂防治方法
红松烂皮病	加强幼林抚育，合理修枝；幼林郁闭后，及时进行透光伐，清理林地卫生，除去病株	1:1:100 波尔多液或 2 度石硫合剂喷洒幼林
红松腐烂病	造林后要及时修枝和抚育间伐，控制林分保持适宜的密度，并要随时伐除病株	对发病较轻的植株患部涂抹 1096 的碱水，对病区周围树木可喷施 100 ~ 160 倍等量式波尔多液以预防
红松溃疡病	及时进行除草、割灌等项幼林抚育作业，改善林地环境，促进幼树健壮生长，增强抗病能力	患部涂抹松焦油 + 柴油(1:1)、25% 琥珀酸铜胶悬剂 100 倍液、70% 代森锰 800 倍液或 75% 百菌清 200 倍液等
红松落针病	加强抚育管理，促进林木生长旺势，提高抗病能力；有条件的也可将枯枝落叶集中烧毁	用硫黄烟剂进行熏蒸（7.5 kg/hm^2）或用石硫合剂或用波尔多液喷洒树冠防治
红松疱锈病	及时清除升麻、风毛菊、泽兰、马先蒿、茶藨子等红松锈病转主寄主；注意早期修枝，发现病树及时伐除，集中烧毁	将患部表皮刮破后涂不脱酚洗油
红松球蚜	保护、利用异色瓢虫、大灰食蚜蝇等天敌	喷洒 10% 吡虫啉可湿性粉剂 3000 倍液，或 10% 氯氰菊酯乳油 2000 倍液、50% 抗蚜威可湿性粉剂 2000 倍液
落叶松毛虫	加强经营管理，改善生态条件，提高幼林林木抗性，进行人工捕杀幼虫或摘除虫茧	释放赤眼蜂或在成虫期进行灯光锈杀：春季幼虫上树之前，用拟除虫菊酯制成的毒绳施用于树干上进行阻杀等

附件3

ICS 65.020.01
B 60

DB21

辽 宁 省 地 方 标 准

DB21/T 1944—2012

多功能林经营技术规程

2012-01-09 发布　　　　2012-02-09 实施

辽宁省质量技术监督局　　发布

目　次

前　言

本标准依据 GB/T 1.1—2009 给出的规则起草。

本标准的附录 A 为资料性附录。

本标准由辽宁省林业厅提出并归口。

本标准起草单位：沈阳农业大学林学院。

本标准主要起草人：殷鸣放、刘明国、周永斌、陈晓非、谭希斌、雷庆国、殷炜达、宁良智。

多功能林经营技术规程

1 范围

本标准提出了森林功能类型划分及评价、多功能林区划与经营、多功能林经营作业设计、多功能林经营管理等技术要求。

本标准适用于辽宁省的多功能林经营。

2 规范性引用文件

下列文件对于本文件的应用是必不可少的。凡是注日期的引用文件，仅所注日期的版本适用于本文件。凡是不注日期的引用文件，其最新版本（包括所有的修改）适用于本文件。

LY/T 1607—2003 造林作业设计规程

GB/T 15776—2006 造林技术规程

DB21/T 706—2009 森林经营技术规程

3 术语和定义

下列术语和定义适用于本文件。

3.1 林分

起源、林龄、树种组成、密度、蓄积量等林学特征相同或相似，并与周围有明显区别的森林地段。

3.2 单层林

林内所有林木的树冠高度相差不超过20%，形成1层林冠的林分。

3.3 复层林

具有2个或2个以上林层的林分。

3.4 纯林

由1个树种、品种，或者是由2个或2个以上树种(组)组成，但其中1个树种(组)蓄积或株数占林分蓄积量或株数的65%以上的林分。

3.5 混交林

由2个或2个以上树种组成，其中任意树种在林内所占的比例均不足65%，而且能够较长时间维持稳定群体的林分。

3.6 同龄林

林分内树木年龄相差不超过1个龄级的林分。

3.7 异龄林

林分内树木年龄相差超过1个龄级的林分。

3.8 人工复层林

通过人工营造形成的林相为2层或2层以上的森林。人工复层林的树种组成和年龄结构是多种多样的。有不同树种同龄或异龄混交的，也有相同树种异龄混交的。

3.9 森林可持续经营

是可持续发展中的林业部分，是实现一个或多个明确的经营目标的过程，使得森林经营持续不断地得到所需的林业产品和服务，同时又不造成森林与生俱来的价值和未来生产力不合理的减少，不给自然界和社会造成不良影响。

3.10 生物多样性

是在陆地生态学及这些复合生态学之中的生物变异性。表示单位空间或地段内生物物种的多样化程度。

3.11 商品林

以生产木材和提供其他林副产品，获得最大经济产出等满足人类社会的经济需求为主导功能的森林、林地。

3.12 生态公益林

以维护和创造优良生态环境，保持生态平衡，保护生物多样性等满足人类社会的生态需求和可持续发展为主体功能，主要提供公益性、社会性产品或服务的森林、林地。

3.13 多功能林

森林自身既可以提供可持续木材生产和其他林副产品，又可以发挥高质量生态效益的林分。

3.14 多功能林经营

是对一定空间的森林，为了使其适应所处的自然环境条件和满足社会的各种需求，所采取的提高各种功能的经营活动。

3.15 水土保持与水源涵养功能

森林对土壤的保护、形成和促进雨、雪等降水向其渗透的功能。

3.16 减少二氧化碳功能

森林吸收和储存二氧化碳的功能。

3.17 保护生物多样性功能

森林通过为生物物种提供生存与繁衍的场所，从而起到对其保护的功能。

3.18 可持续木材生产功能

森林能持续、高效率的生产优良材，并确保林分自身健康生长的功能。

3.19 二类调查

二类调查即森林经理调查。主要是林场为了编制森林经营方案，对所辖范围进行的林地、林木资源现状与经营状况的调查。

3.20 综合评价

对多属性体系结构描述的对象系统地做出全局性、整体性的评价。对评价对象的全体，根据所给的条件，采用一定的方法，为每个评价对象赋予评价值，再以此进行择优或排序。

3.21 森林经营作业设计

对于即将进行作业施工的小班，在进行森林资源详细调查的基础上，对作业量、技术措施、作业设施以及投资效益等方面进行科学概算、计划和安排的总称。

3.22 标准地

根据调查目的和要求，在林内选择的可以代表各种林分因子平均状态的地块。

3.23 经营模式

经营者根据自身经营宗旨，为实现既定的价值定位所采取的某一类方式方法的总称。

3.24 雷达图

能够用定量指标反映定性问题的模型工具。

4 森林功能类型划分与评价

4.1 森林功能类型划分

4.1.1 森林功能分类

森林功能根据其性质分类，分为 8 类 36 子类（见附录 A）。

4.1.2 森林功能类型划分

森林功能类型按照综合功能大小分为 3 个类型：优势齐备型、稳定平衡型、弱势缺失型。具体划分方法采用多功能指数。

4.1.3 多功能指数

4.1.3.1 多功能值的计算

$$S = \sum 1/2 \times L_1 \times L_2 \sin\theta$$

式中：S 为多功能值；L_1 为子功能值；L_2 为子功能值；θ 为由子功能值 L_1、L_2 组成的夹角。

4.1.3.2 多功能指数的计算

$$M = S/M_0$$

式中：M 为多功能指数；S 为多功能值；M_0 为理想林分多功能值。

4.1.4 优势齐备型

多功能指数为0.9~1.0。各指标上的评价值基本上是最大值，个别子功能处于中等水平，所构成的多边形饱满并从圆心向外扩张，这些小班的多功能呈现优势齐备态势，是理想的多功能林类型，可采取保持现状的经营措施。

4.1.5 稳定平衡型

多功能指数为0.7~0.8。小班若干方面好，具有优良的主导功能，部分子功能有较小缺欠，但整体上处于稳定平衡状态，评价结果表明其多功能属于中等状态，呈现稳定平衡态势，可根据主导功能进行适度经营。

4.1.6 弱势缺失型

多功能指数为0.6以下。小班整体功能处于低水平状态，存在1档“低”的子功能，评分结果构成的多边形向圆心收缩，说明这些小班的整体功能较差，呈现整体功能软弱缺失态势，对其可采取充分发挥其中的优良的主导功能，改善林分结构，促进林木健康等经营措施。

4.2 多功能林主要功能评价

主要功能评价均采用相对值方法进行，即对4个主要功能分别计量，以各项因子最大值作为当地的最理想目标值，对低于该值的各个小班进行评价，给出高(0.9~1.0)、中(0.7~0.8)、低(<0.6)水平。

4.2.1 水土保持与水源涵养功能评价

采用覆盖土壤表面的森林面积比例指标作为确定此评价标准的根据。森林的水土保持与水源涵养功能等于不同覆盖度下的森林地块与无森林地块的功能之差。评价功能大小，对影响水土保持与水源涵养功能的项目评价。计算下面4个子功能：缓和枯水洪水功能；保护水质功能；防止泥沙流失功能；防止林地受损功能。将其平均值作为小班综合评价结果。

4.2.2 减少二氧化碳功能评价

通过计量森林吸收、储存二氧化碳量来评价。吸收二氧化碳量 = 生长量/hm^2 × 扩大系数 × 木材比重 × 含碳率；储存二氧化碳量 = 蓄积量/hm^2 × 扩大系数 × 木材比重 × 含碳率。式中扩大系数 1.7，含碳率 0.5；蓄积量、生长量、木材比重数据通过实测获得。

4.2.3 保护生物多样性功能评价

采用稀少性、多样性和自然性等指标联合评价方法。稀少性评价调查小班内是否有国家级或省级濒危灭绝植物种。多样性评价根据标准地内物种数量计算确定。自然性评价分为如下 7 个等级：1 级为顶级群落森林；2 级为由顶级种和先锋种组成的过渡性群落森林；3 级为先锋群落森林；4 级为处于 1、2 级的森林群落但有非乡土的树种成分；5 级为含有非乡土树种的先锋群落森林；6 级为由乡土树种组成但在不适合的立地上造林形成的森林群落；7 级为引进树种在不适宜的立地上营造的林分。

4.2.4 可持续木材生产功能评价

评价指标有小班的林木形状比、林木生长量、林木蓄积量、树木修枝、木材缺欠等林分指标和集材距离、平均坡度、面积等林地指标。

5 多功能林区划与经营

5.1 多功能林区划系统

多功能林经营的现地区划系统为：区域—集水区—林班—小班。

5.1.1 区域区划

区域区划在林业区划时进行，或参照林业区划成果进行，或者在二类调查的森林区划时进行。在区域区划时主要确定区域内多功能林的比重指标和主要分布区。

5.1.2 集水区区划

集水区尺度要求同时满足以下两个条件：满足多功能林正常经营所需的空间；满足连接森林与立地环境的水系。在一个集水区内至少包含一个以上的林班。

5.1.3 林班区划

多功能林林班划分方法与普通林班划分方法的区别是，更加注重林学和生态学原理的应用，以自然界线及河、谷、脊、路等永久性地面标志为林班线。是在自然区划方法基础上结合人工区划方法进行区划。根据经营目的、经济条件、经营水平综合情况确定。每个林班的面积在70～150hm^2。

5.1.4 小班区划

在林班下划分小班。小班划分原则是按着每个小班内部的自然特征基本相同，并与相邻地段有明显差别来划分。划分小班条件是权属、土地类别、林种、优势树种(组)、龄级(组)、郁闭度、林型(立地条件类型)、地位级(指数)、起源、坡度级、形状比、出材率、单位面积蓄积量等。每个小班面积在0.5～15hm^2。

5.2 多功能林经营模式

5.2.1 多功能林经营模式

是在小班内采取相同的、适合各个小班经营目的的森林经营措施组合类型。分为人工纯林诱导复层林经营模式、天然次生林诱导复层林模式和人工营造混交林模式等**3**种。

5.2.2 人工纯林诱导复层林经营模式

5.2.2.1 适宜对象林分

人工纯林的幼龄林、中龄林和近熟林。

5.2.2.2 诱导方法

根据现实林分特点，采取带状间伐的方法，每隔2～4行伐去2～6行的林木(伐、留等行)，在采伐带上栽植耐阴树种红松、云杉、冷杉、水曲柳、椴树、黄波罗等，连续幼林抚育3～5年，幼林抚育方法见GB/T 15776—2006造林技术规程。对于保留带上林木连续进行抚育间伐3～5次，抚育采伐方法见DB21/T 706—2009《森林经营技术规程》。抚育间伐目标是使林分最后保留株数在100～150株/hm^2。

5.2.2.3 理想林相

通过诱导措施，使现实林向多功能林转变。最后实现多功能林理想目标。即保持多功能林分经常处于复层、异龄、混交的状态进行轮替的森林经营模式。

5.2.3 天然次生林诱导复层林模式

5.2.3.1 适宜对象林分

天然次生林的幼龄林、中龄林和近熟林。

5.2.3.2 诱导方法

根据现实林状况，采取等距离带状采伐方法(带宽5～10m，伐、留等宽)。于采伐当年或次年在采伐带上人工更新耐阴树种红松、云杉、冷杉等，使其与上层保留林木形成人工天然复层林。造林和幼林抚育方法参照GB/T 15776《造林技术规程》进行；抚育采伐方法参照DB21/T 706—2009《森林经营技术规程》进行。通过上层林木抚育间伐最后保留株数为100～150株/hm^2。

5.2.3.3 理想目标

通过诱导措施，使天然次生林向多功能林转变。最后实现多功能林理想目标。即保持多功能林分经常处于复层、异龄、混交的状态进行轮替的森林经营模式。

5.2.4 人工营造混交林经营模式

5.2.4.1 适宜对象

选择立地条件适宜、交通方便的宜林荒山荒地。

5.2.4.2 营造方法

通过人工营造混交林方法，实现多功能林。采用带状混交方法营造带状混交林。带间距离为 5 ~ 10m，株行距采用 1.5m × 1.5m。用不同混交树种进行混交，带宽相同。混交林营造方法参见 LY/T 1607—2003。抚育间伐具体方法参见 DB21/T 706—2009。

5.2.4.3 理想林相

人工营造多功能林，从一开始就要考虑树种的混交问题，通过混交林实现森林多功能。复层林目标可以通过速生与慢生树种搭配实现；异龄林要通过上层速生林木进入主伐期后在更新下一代幼林实现。

5.3 多功能林主要经营目标

5.3.1 涵养水源和水土保持性能高

该目标是多功能林经营的基本目标，森林无论生长在任何地方，都要把充分发挥这个目标作为基本要求，辽宁省很多地区都处于缺水和土地荒漠化日趋严重的状况，必须坚持这个基本目标。

5.3.2 高蓄积量目标

是根据可持续木材生产功能和我国近期对于木材生产的高度需求提出来的。它与高碳储存目标紧密相关，高蓄积量是更好地以木材的形式储存 CO_2 的有效办法。

5.3.3 高生长量目标

多功能林承担着吸收 CO_2、稳定大气 CO_2 含量、快速形成森林环境和资源循环利用的功能，把多功能林作为一种可再生循环资源，最大限度地提高循环速度。

5.3.4 维持生物多样性目标

是保护生态系统中的生物遗传基因和森林各种生物自身存在的需要。尽管短时间内不会对森林产生明显效果，但是，从长远看它对经营对象会产生较大的影响，而且还会对区域、国家乃至更大尺度带来重要的影响。

5.3.5 多目的利用目标

森林多目的经营可以使区域社会从多功能林中得到生产和生活所需要的各种产品和服务。包括森林的公益服务功能、文化服务功能，改善区域内外的环境质量，为区域社会提供最大的全面利用价值。

6 多功能林经营作业设计

6.1 外业调查

6.1.1 小班区划

实施多功能林经营活动前，要对拟开展多功能林经营的地块进行多功能林小班区划。小班区划要落实到最新二类调查基本图上，根据林分特点、立地条件和经营措施进行。小班界限要求实测、标记。面积误差要小于 ±1%。

6.1.2 调查内容

调查内容主要包括多功能评价所需要的各项因子逐项调查。此外还包括地表植被、土地利用状况、人为活动情况、林木生长情况和既往森林经营史等调查。调查的同时，应针对拟开展多功能林经营地块的典型立地状况拍摄照片加以记录，以便形成多功能林经营档案。

6.1.3 调查方法

在多功能作业的小班内，选择有代表性的地块设立标准地，标准地面积不得小于作业小班面积的 2%。设立标记，实测面积，面积闭合差不得超过 1%，其他林分因子调查误差不超过 ±5%。

6.2 内业设计

6.2.1 搜集既有技术资料

内业设计之前要搜集历年的各种调查资料、林场档案资料和林业局森林资源档案资料。在作业设计中充分利用这些既有技术资料。

6.2.2 搜集森林经营法律、法规资料

凡是国家和省林业主管部门对森林经营有明确禁止、限制规定的要按照其要求执行。

6.2.3 内业设计

按照《森林资源三类调查数据管理信息系统》的《森林经营作业设计软件系统》执行。

6.2.4 成图与面积计算

采用1:2000~1:5000比例尺绘制作业小班平面图，用求积仪或网点板计算面积，有条件的用计算机制图、计算面积。

6.2.5 图面注记和转绘

要按照国家标准图例规定进行注记，并标示出作业小班周围的地类以及明显地物标志。转绘要按照制图规范进行。

7 多功能林经营管理

7.1 作业设计与审批

多功能林经营作业设计应在施工前有关林业部门审核、批准方可实施。没有作业设计或作业设计未经批准的，不得施工。作业设计一经批准，应遵照执行。因特殊情况需变更时，应在设计单位修改后，报原审批部门批准。

7.2 作业检查与验收

有关林业主管部门，根据批准的森林经营作业设计呈报书和林木采伐许可证，对森林经营单位当年的作业设计施工情况即上一年度采伐迹地更新情况进行检查、验收，定期或不定期地组织抽查或联合检查，施工完成后进行施工验收。

7.3 经营档案管理

森林经营单位应及时对审批文件、各种调查设计图表、各种经营管理资料进行汇总整理，建立健全森林资源管理技术档案。要在每年经营作业完成之后，将本单位年度作业情况分别类型，按照实际完成面积、蓄积等项目统计汇总，注记上报有关林业主管部门。

附录 A
(规范性附录)
森林功能分类表

表 A.1　森林功能分类表

森林功能分类	子功能分类	功能细类
1)保护生物多样性功能	1 保护遗传基因 2 保护生物种 3 保护生态系统	植物种保护；动物种保护(鸟兽保护)；菌类保护。河川生态系统保护；沿岸生态系统保护
2)保护地球环境功能	4 缓解地球温暖化 5 稳定地球气候	吸收储存二氧化碳；代替化石燃料能源
3)防止泥沙灾害功能/保护土壤功能	6 防止表面侵蚀 7 防止林地受损 8 防止泥沙灾害 9 防止泥沙流出 10 保护土壤 11 防止风雪灾害	防止落石；防止泥石流；防止飞沙；防止雪崩；防风；防雪；防潮等
4)水源涵养功能	12 缓和洪水 13 储存水资源 14 调节水量 15 净化水质	降低夏季气温(升高冬季气温)；树荫。 吸着尘埃；吸收污染物。 防止噪音；快适性(amenity)
5)形成舒适环境功能	16 缓和气候 17 缓和大气 18 形成舒适环境	
6)保健、游憩功能	19 疗养 20 保健 21 游憩	疗养院 修养；郊游；森林浴 旅游
7)文化功能	22 景观，风致 23 学习，教育 24 艺术 25 宗教，祭礼 26 传统文化 27 区域多样性维持 28 木材 29 食物	生产劳动体验的场所；认识、接触自然的场所

（续）

森林功能分类	子功能分类	功能细类
	30 肥料 31 饲料 32 药品及其他 33 提取工业原料 34 绿化材料 35 观赏用植物 36 工艺材料	
8）物质利用功能		燃料材；建筑材；木制品原料；纸浆材

图书在版编目(CIP)数据

辽宁清原森林可持续经营操作技术指南／辽宁省清原满族自治县林业局，国家林业局调查规划设计院编．—北京：中国林业出版社，2016.7

ISBN 978-7-5038-8640-9

Ⅰ.①辽… Ⅱ.①辽…②国… Ⅲ.①森林经营－可持续发展－辽宁省－指南 Ⅳ.①F326.273.1－62

中国版本图书馆CIP数据核字(2016)第176024号

责任编辑： 李 敏 牛玉莲

出 版： 中国林业出版社(北京西城区德内大街刘海胡同7号，100009)
网址：http：//lycb.forestry.gov.cn
电话：(010)83143575

发 行： 中国林业出版社

印 刷： 北京卡乐富印刷有限公司

版 次： 2016年10月第1版

印 次： 2016年10月第1次

开 本： 889mm×1194mm 1/32

印 张： 7.75

字 数： 190千字

定 价： 52.00元